亦麒麟高端产业人才系列丛书
E-TOWN TALENTS HIGH-END INDUSTRY TALENT SERIES

北京·亦庄
BEIJINGETOWN

因你而亦 ③

于泳　林火灿　齐美娟\著

BEIJING YIZHUANG IS DIFFERENT BECAUSE OF YOU

E-TOWN TALENTS

经济日报出版社

图书在版编目（CIP）数据

因你而亦.③ / 于泳，林火灿，齐美娟著. — 北京：经济日报出版社，2019.1
ISBN 978—7—5196—0445—5

Ⅰ.①因… Ⅱ.①于… ②林… ③齐… Ⅲ.①企业家—生平事迹—北京—现代 Ⅳ.①K825.38

中国版本图书馆 CIP 数据核字（2018）第 292509 号

因你而亦.③

作　　者	于　泳　林火灿　齐美娟
责任编辑	林　珏
责任校对	周　璠
出版发行	经济日报出版社
地　　址	北京市西城区白纸坊东街 2 号 A 座综合楼 710（邮政编码：100054）
电　　话	010—63567684（总编室）
	010—63584556　63567691（财经编辑部）
	010—63567687（企业与企业家史编辑部）
	010—63567683（经济与管理学术编辑部）
	010—63538621　63567692（发行部）
网　　址	www.edpbook.com.cn
E — mail	edpbook@126.com
经　　销	全国新华书店
印　　刷	北京文昌阁彩色印刷有限责任公司
开　　本	710×1000 毫米　1/16
印　　张	14.75
字　　数	200 千字
版　　次	2020 年 5 月第一版
印　　次	2020 年 5 月第一次印刷
书　　号	ISBN 978—7—5196—0445—5
定　　价	58.00 元

序

麒麟人才，绽放精彩

我为北京经济技术开发区高端产业领军人才班上过课，开发区的产业领军企业家们给我留下了深刻的印象。今次收到开发区发来的“亦麒麟高端产业人才”系列丛书《因你而亦》书稿，开卷有感，跃然笔端，欣然为之作序。

自1984年成立首批开发区以来，开发区已成为推动我国工业化、城镇化快速发展和对外开放的重要平台。北京经济技术开发区在全国开发区当中，无疑具有标杆意义，尤其形成了一批有特色的产业集群，这些产业集群背后集聚着各式各样的产业领军人才和创新创业人才，他们是推动产业浪潮的弄潮儿，是时代的主角。

产业发展关系到国民经济发展的活力，关系到我国世界级城市群的建设，关系到我国的现代化进程发展。创新是引领发展的第一动力。坚持创新驱动，打造富有活力的增长模式，是经济新常态时期发展的必然选择。坚持协同联动，打造开放共赢的合作模式，建设全球影响力的科技创新高地，最大程度激发创新主体、产业领军人才与创新创业人才的动力、活力和能力，建设全球创新网络的重要枢纽，以及国际性重大科学发展、原创技术发明和高新科技产业培育的重要策源地，是我们发展的重要路径，这方面开发区要扮演着排头兵的作用。与国际高科技产业巨头相比，我们在开放共赢与开放式创新领域的实践才刚刚开始，还有很大的差距，需要加强。事实上，大公司的开放式创新不仅是当前我国科技创新生态环境的最大短板，更是“大众创业、万众创新”在资本以及创新层面实现闭环的最关键因素。在这方面，李克强总理已经做过多次阐述。

北京经济技术开发区已形成若干产业集群基础，拥有一批产业领军人才与创新创业人才，在推动互联互通的产业联盟与人才发展方面发挥着重要的作用；在全国开发区改革与创新发展，产业转型升级之际，我相信北京经济技术开发区会继续发挥标杆作用。

“亦麒麟高端产业人才”系列丛书出版得很及时，在让亦庄人才青史留名的同时，实现亦庄人才包括亦庄制造、亦庄创造、亦庄精神、亦庄文化和亦庄品牌的长久记载和保存，为后世留下一份精美的文字记录和宝贵的精神财富。“亦麒麟”领军人物，讲述他们的故事，展示他们的风采，传播他们的经验，展现他们的智慧，呈现他们的成功之道，体现了亦庄产业蓬勃发展背后的人才密码。

我看了书中列举的开发区中的产业领军人才和创新人才的动人事迹和故事，被他们拼搏的精神所感动和折服。在“大众创业、万众创新”的年代，我们需要更多的创业者、企业家，更需要企业家精神。这些被采访的人都是成功的企业家，当然有些企业家也有一些挫折。从这些企业家身上我们会得到很多的启示，从他们的管理理念和成功的经验中，我们会悟出企业家成功的真谛。

从世界范围来看，企业现代化、国际化是一个潮流。新兴的产业、新兴的行业代表世界发展的潮流，这是这些企业成功的重要因素之一。除此之外，企业家在这里起着非常重要的作用。支撑企业家走向成功的根本真谛，是企业家精神。什么是企业家精神？

第一，这些企业家具有很高的素质。我不认为所有的人都能成为企业家，企业家的某些素质可能是天生的，但更重要的是这些素质和很多优势是在后天实践中锻炼出来的。这些成功企业家一个共同的特点是，他们高瞻远瞩，适应潮流，善于抓住机会，能够制订正确的企业发展战略。如果一个企业家不知道世界发展的潮流，不知道企业、行业发展的潮流，这个企业家是不可能获得成功的。

第二，这些企业家都懂得市场。他们善于思考市场的变化，从市场的瞬息万变中善于抓住投资机会，善于捕捉市场变化规律，使自己的产品实现“惊险的跳跃”，立于不败之地。

第三，作为企业家必须有冒险精神，必须敢想敢干。因为企业本身是有风险的，尤其是新兴的行业，风险很大。不仅是技术风险，而且市场竞争也非常激烈。企业家面对机会时，敢不敢去冒险，是企业和企业家成功的关键因素之一。世界上成功的企业家往往和具有冒险精神与果断决策能力相联系的。这些企业家具有坚持、冒险、创新精神，他们百折不回，诚信天下。就像书中有的企业家说的，“人生总是很坎坷的，很少有人能够预料自己将会遇到的事情。但唯有一点是非常重要的，那就是，人的一生对事业的追求应该是无止境的，有挑战才有动力，否则就是简单的重复，有什么意思呢？有什么可满足的呢”？还有的企业家说，“为什么要创业？这的确是个问题。因为创业不只意味着成功，更有可能意味着失败。其中有很多体验，根本就不在人们感官的舒适区里。但今天的中国，依然有许多拥有安稳生活的人，舍弃了这个或者那个，去创业，做想做的事情，然后在大潮大浪中摸爬滚打。”

第四，能否形成一个非常好的企业文化，对企业的发展也是至关重要的。企业家本身的道德、思想、思维、管理理念甚至所遵循的道德规范，对企业的影响非常大，是形成企业文化重要的因素。企业家要德高怀远，诚信天下，企业才能长治久安，稳定发展。要形成一个好的团队。有的企业家说得好，一个企业能否做好，归根结底，还要看团队的执行力。“团队就是壁垒”，也就是“找到一群愿意在某个方向上一起走到目标的人”。很多企业做不起来，是因为团队没有包容力。遇到困难，有人会逃走；遇到成绩，又会互相争夺，不想再招人来摘果子。领头羊不想冒险，不想冲锋陷阵的话，企业基本就是原地踏步了。

总之，在现代经济发展变化非常快的情况下，企业家的素质对企业的成功发展是非常重要的。那么，企业家有没有成功的秘诀呢？可以说有秘诀也没有秘诀，就看我们如何培养企业家的素质。这本书对中国企业家的成长也是有很大的启示的。

中国需要改革，尤其是需要进行企业改革，要给企业家创造一些环境和条件，只有这样，才能出现真正的企业家，才能出现成功的企业家。从目前来看，中国很多企业家出现在民营企业，高新技术企业，就是因为这些企业市场化程度高，机制比较灵活。现在我国有一些优秀的企业家，如马云、任正非、张瑞敏、柳传志等，但是像这样的优秀的企业家还是不够多。中国需要千千万万适应市场经济和现代化需求的优秀企业家，这样，中国经济和企业才能兴旺发达。

我认为，高新技术开发区与企业和企业家结合是一个好办法。北京经济技术开发区作为企业发展和企业家成长的孵化器，为吸引更多批企业进入，给政策，给条件，让企业和产业有更大发展空间，让企业家有施展才能的机会，也让他们在创业实践中，在园区培养中得到提高。“天高任鸟飞，海阔凭鱼跃”。

本书契合中国“大众创业、万众创新”的环境，讲述企业家、创业者创业路上发生的故事，介绍创业者不畏艰难，勇往直前的经验，会满足更多读者的需求。我相信该书会成为中国开发区企业孵化、人才培养、创业训练、产业经营、员工进阶实用的枕边书。

北京大学光华管理学院教授

曹凤岐

2017年2月9日

目录

本上快“断炊”了。有一段时间，李英骥甚至不敢查询自己的账户上还有多少余额。幸运的是，就在这一年年底，爱思益普得到了北京市科委提供的一笔40万元的产业扶持基金的项目资助，帮助李英骥度过了最艰难的时刻。

2000年以来，中国的各项事业发展十分迅猛，特别是2008年北京奥运会顺利举办，更让世界看到了中国的繁荣昌盛。而从自身的内心看，欧阳兆槐也一直希望能有机会回到国内，毕竟自己在美国已经呆了25年，回家的心情越来越迫切了。就这样，2013年10月，带着满腔的热情，欧阳兆槐回到了国内，并成为了刚刚注册成立不久的博奥晶典的第一位正式员工。

国外专业机构的质疑、国际同行的防范像是一堵牢固的高墙阻挡着孙晓斌和辰星前进的步伐。为了寻找专业的支持，辰星唯有聘请国外的专家进行指导，并为此付出了高昂的咨询费——从专家所在国登机开始计算，每小时100美金。值得庆幸的是，资金以及人力流水似的投进去，终于听到了回响。

为了能够顺利完成计划，陶秀梅早已开始布局，现在诺康达的生产线已初步实现了智能化，其主设备均从意大利及德国定制进口。不惜重金就是要打造一条“即使孙子那一辈人使用都不过时的生产线”。

为了建造达标的无尘室，俞宗强斥千万巨资请来了名声在外的一家公司操作，但是当到了交付的约定时间、俞宗强上门验收的时候却被眼前的一幕惊呆了——凹凸不平的地面仿佛一张狰狞的脸向俞宗强发起了挑战，好脾气的他当场暴跳如雷。那一刻，俞宗强开始怀疑自己创业的选择是否真的正确。但俞宗强并没有因此而退却……

他的发动机装配、试验、返修等技术、技能那都称得上数一数二，车间生产中、返修中、试验中，无论遇到什么问题，只要把他找来，一伸手，问题立刻迎刃而解。他总结归纳的以他名字命名的“赵斌返修法”，大幅提升返修工人的工作效率……

2014年，北京新能源汽车股份有限公司（简称北汽新能源）开启了首届“卫蓝先锋行动”，成功实现了新能源汽车对私市场“零”的突破。那一年，被业界称为“新能源汽车元年”。如果说北汽新能源开创了我国整个纯电动汽车行业的新纪元，那么作为北汽新能源的掌舵人，郑刚无疑是这个行业的领路者。

虽然有良好的制度激励，但2个月过去了，业绩并没有明显的增长，留给朱强解决现金流问题的时间只有两个月了。这时朱强就开始每周亲自参加公司的招商例会，直接了解每位招商人员的意向客户情况，问得很细：上周见了谁？是不是决策者？谈了什么？成交的关键问题在哪？是价格还是其他？有没有进一步的信息？有时候问的业务人员直冒汗，没有真正干活的招商人员回答不出朱强问出的犀利问题。几周下来招商信息越来越清晰……

自主研发的国产首台半导体减薄晶圆设备（Sorter System）在业内首次采用了PLC控制方式的SECS/GEM通讯协议的MES通讯软件及晶圆、垫纸识别等技术，不仅同比国外设备为客户降低了30%成本，更重要的是在这些设备上烙着明晃晃的中国印记。

郝鸿峰：

酒仙结网让美酒香飘万里

企业家小传

郝鸿峰，北京山西商会副会长，清华大学硕士，现任酒仙网董事长兼总裁。秉承着晋商传统，以稳健、务实、广结善缘的精神于2009年创办酒仙网，目前已经成为中国最大的酒类垂直电商。

山西是酒仙网的发祥地，同时酒仙网的掌舵人郝鸿峰又担当着北京山西商会副会长一职，于是这个地地道道的燕赵人氏，总能在为人处世与经商中流露出晋商独有的闪光品质与风格。在郝鸿峰的眼中，晋商成功的核心在于诚信，精髓在于创新进取。的确，是诚信助推了晋商影响力的扩大、声誉的远播和品牌的建设；而创新则能够让善于团结合作且头脑聪明的晋商在运营中更加准确的命中目标。可以说，晋商精神对郝鸿峰的创业守业都产生了巨大影响。坎坷创业路，他也有过失败，却从未放弃。迎难而上的勇气和从未被浇灭的信念不仅让郝鸿峰和酒仙网有了今天的海阔天空，更让国内外美酒得以在网络上香飘万里。

跌跟头　跌出创业奇迹

与大多数创业者不同，郝鸿峰选择创业实属无奈之举。没有别人创业的惊心动魄，亦没有波澜壮阔，郝鸿峰有的只是一次又一次看似灰头土脸的跌跟头。但是，人家还就真跌出了大名堂。

在开创酒仙网之前，郝鸿峰涉猎过诸多行业，也尝试了不少工作。无论是做旧书生意的小老板，还是酒店的保安、客房的服务员，亦或是走街串巷贴传单、发小报的“报童”。在任何身份的转换中，郝鸿峰都能在接触不同的人、经历不同的事的过程中，通过不断摸索、试错积累经验。

年轻的时候，郝鸿峰在读书之余盯准了旧书生意，希望通过将图书从废品收购站按斤买回来，然后再按本卖出，从中赚取差价。在经过一系列的筹备后郝鸿峰的旧书生意终于开张了，但让他没想象到的是，收来的书根本卖不掉。短短半年内，就赔掉了两百万元。校园创业的失败让郝鸿峰倍觉凄凉，同时也给他上了生动的一课，让他更早的领略得到了社会的残酷。看着钱包里空空如也，郝鸿峰就不得不重新找出路，颠沛流离的日子持续了整整半年，他那颗不安分的心又开始蠢蠢欲动，二次创业指日可待。

在朋友的介绍下，郝鸿峰承包了太原一家濒临倒闭的饺子厂。饺子厂不大，生产车间也不过是一层小楼，看着围绕在身边

的七八个员工，郝鸿峰强忍住巨大的预想落差，强迫自己乐观起来，“卖不掉大不了自己吃了，更何况北方人爱吃饺子，相信需求还是有的。”然而这家无名小厂的产品销售情况还是一度让郝鸿峰愁眉不展。直到有一天，他的主动出击为饺子厂的发展带来了转机。那一天，他走进了一家小餐馆点了一份饺子，当听说对方根本没有准备饺子的时候，郝鸿峰灵机一动直接把随身携带的几十斤饺子放在了饭店的柜台上，并告诉老板，饺子能卖就卖，钱对半分；卖不出去就分文不收，权当交了个朋友。第二天早晨，饭店老板火急火燎地联系到了郝鸿峰，要求“再送 20 斤来”！此次营销的成功，让郝鸿峰看到拓宽渠道、灵活销售的必要性，也让他和“战友”更加有了底气，他们开始走街串巷的推销饺子，一时间太原中小饭店都成为了郝鸿峰的客户。几个月后，这个名不见经传的饺子也拥有了自己的名字——乐田园。更不可思议的是，这个初创品牌竟然一天能卖出多达 10 吨的饺子，在当地的影响力远远地超过了思念、三全等知名品牌。那年年底，饺子厂的员工已经增加到 200 人。把几个人的小作坊发展成具有一定规模的地区知名企业是让郝鸿峰引以为豪的事，而在这个阶段积累的营销渠道和模式也成了他这辈子最宝贵的财富。自此郝鸿峰真正的走上了创业征途。

遇贵人　遇到创业佳期

山西洪洞酒类商贸公司的副总程凤仪是郝鸿峰的贵人，更是带他进入酒水行业的引路人。

一次偶然的机会，郝鸿峰在卖饺子过程中邂逅了程凤仪，并在他的力荐之下做了金星啤酒的代理。当年春节过后，郝鸿峰立马找家人借了 5 万块钱，与两位朋友合伙成立了山西百世酒业有限公司。正所谓隔行如隔山，初入行的郝鸿峰并不了解原来啤酒销售也存在淡旺季之分。刚试水就撞到枪口上的他在不到半年的时间内就把借的几万块钱赔得一干二净。狠狠地把兜里一张2万块钱白条拍在桌上,郝鸿峰暗暗发誓从此再也不碰季节性产品。后来，程凤仪得知了百世酒业的窘况，再度引荐郝鸿峰代理汾酒集团的一个子品牌——家家酒。有了前车之鉴的他这一次比较谨慎，在深入考察之后才再次借来了运作的钱。这时，此前所拓宽的渠道终于发挥了作用——第一个月卖了1000多箱，第二个月卖了3000多箱，第三个月直接突破了万箱大关。当时，整箱的酒拉回来根本来不及进库，就被客户抢购一空。郝鸿峰的眼前豁然开朗，只要方向对、方法对、有贵人、肯努力，赚钱似乎也不那么难。随后,郝鸿峰又代理了当地另一个酒品牌——“汾阳王”，并在2008年将汾阳王做成了当地人认可的唯一的地方品牌酒。之后，百世酒业的代理业务蒸蒸日上，日渐发展为山西最大的酒类代理商之一，郝鸿峰也当上了山西代理商联合会的会长。他认为，他的人生终于步入了正轨。

跨领域　跨出经营新模式

这个时候，郝鸿峰在经过了一路的摔摔打打后已经拥有了更胜常人的毅力与眼界，同时晋商特质也开始在他身上显现。他希望百世酒业越做越好，也希望有机会得以采众人之长，补一己之短。机会终于来了。

2009年7月,郝鸿峰走进清华大学开始了EMBA课程的学习。当这个一直在传统行业打拼却又对新鲜事物充满好奇的创业者接触到电子商务后，显得分外激动。那一刻，郝鸿峰觉得酒是最适合嫁接电子商务的行业。首先，产品不愁卖，不存在过期问题；

其次，客单价高，抗跌性强，年头越久越流行；最后，网上周转率高，利润高。于是，两个月后，郝鸿峰就将百世公司分成了两大业务板块，百世公司留在山西，酒仙网挥师北京，转型电子商务公司。说起酒仙网这个名字还有一段趣事。为了给这个国内首家酒类电商公司起一个响亮的名字，郝鸿峰和他的团队还专门请

来了起名字的机构和专家，从中文的到英文的、从有趣的到有意的着实不少，可就是没有一个让他们中意的。直到有一天，郝鸿峰在电梯里看到有个“饭桶网”的广告，灵光乍现地联想到“酒仙”二字。上网一查，发现这个商标也没有被注册过，于是及时出手为公司“占领”了好名字。值得一提的是，目前酒仙网是中国电商领域为数不多实现商标名、品牌名、域名三位一体的名字。另外，在望京还有一个“酒仙桥”，这似乎也在冥冥之中注定了，酒仙网与北京的缘分。

2009 年酒仙网刚上线的时候，酒行业还处于鼎盛年代，酒业传统销售模式层级分明不容侵犯，美酒飘香互联网的举动触动了传统经销商的利益，遭到了经销商的联名上书和酒厂的抵制，被视为“异类”的酒仙网唯有于夹缝中求生存。更重要的是，当时的酒仙网无论从经营理念和运营模式都更像一个网站而非真正的电商，毕竟作为第一个吃螃蟹的人，郝鸿峰还没能在短短的两个月内形成成熟的电商概念。用雪上加霜来形容酒仙网当时的处境并不为过。尽管日子不好过，郝鸿峰却也没有打过退堂鼓，他坚信传统的经商思维必会被大步向前的时代所改变，酒仙网诞生的不早不晚，刚好就是这个充满挑战、充满希望、充满创新、充满惊喜的时代。他尽全力保护着“互联网 + 酒”的幼苗，等待属于酒仙网的春天。

真正的转机源于政府对“三公消费”的限制。此前作为一个高定价、高毛利、政府消费为主的产业，酒业在劫难逃。但这对酒仙网来说，则意味着局势的扭转。他们抓住了渠道变革带来的机会和酒厂进行合作，并努力平衡与传统渠道的关系。随后，酒仙网区划出“敏感产品、专销产品、库存产品”三类区域，靠低价策略打开市场。这类低价商品其实只有约 10%，且限于一些低利润、购买频率高、购买量大的酒水，却一举带动了其他

90% 正常价格商品的销售。而茅台全线产品的“挂靠”终于让酒仙网标志性作用更加凸显，同时也说明了酒厂单纯依赖线下渠道已经不能达到销售目标了。郝鸿峰守着跌宕起伏的酒仙网极尽小心，那时候他每天不是坐在办公室里制定目标计划、规划产品布局，就是留在仓库里盘查货物。经常是早上 8 点之前到公司，下班走的时候已经月朗星稀。

成长的过程中，酒仙网步步为营。回顾建立初期时没有在线订单交易，所有交易都是线下完成的窘迫状况，酒仙网调整了商业模式，真正成为了“酒类网络零售商 + 酒类电商服务提供商”。此举令酒仙网抓住了线上白酒销售的绝大部分份额。因为除了主站销售外，酒仙网还为百余家酒企提供天猫、京东、酒仙网旗舰店的整体代运营服务，事实上酒企的品牌宣传、产品营销、物流配送甚至售后服务等都交给了酒仙网。这就意味着酒仙网的盈利点得到了极大扩展。为了吸引流量，酒仙网推出“凡当天在酒仙网注册，都可以免费领酒一瓶”的短信，并要求每位员工将短信转发给身边的 100 个朋友。短信产生了链式传播效应，呼入电话达到几万个，公司的呼叫中心几乎陷入瘫痪。2010 年春节前夕，酒仙网以每瓶 1099 元的价格在网上开卖茅台，当时并没进行限购处理，结果来自上海的第一个订单便将其“秒杀”——该客户订了 47 万元的货，导致酒仙网几乎整个春节没有茅台可卖。2011 年 –2012 年酒类电商一度成为创投热点，酒仙网也拿到了红杉资本、东方富海资本、沃衍资本等数亿元资金。表面上看似风生水起，但身处其中的郝鸿峰却实实在在地感受到了垂直电商前行的艰难。尤其是酒仙网还面临来自酒业传统渠道和同类电商两个层面的竞争。为此，郝鸿峰曾在多个场合感叹过，2013 年之前对于电商来说，首要的任务是先活下来。冒着烧血而亡的风险拼命促销扩张也只是为了给自己争取一席生存之地。期间，他身上的晋商特质发挥了极为重要的作用。

创基业　创出晋商新典范

关于晋商的璀璨品格，郝鸿峰认为可以凝练成三个关键词，分别是诚信、专注以及创新。

为此，自 2009 年成立以来，无论是艰难度日的初创时期还是订单不断的快速发展时期，酒仙网销售的一直都是从正规进货渠道购进的放心酒水，为了保障每一位客户的权益，酒仙网赋予购物的顾客可以随时享有、使用“假一罚五”的权利。换言之，就是如果消费者确定从酒仙网购买的商品是假货，并能提供质检机构的证明文件，经酒仙网确认后，不仅能全额返还商品金额，

而且将被返还五倍的商品金额。郝鸿峰之所以有如此硬气的“宣言”，就是因为他知道“假一罚五”的情况是不可能出现的，诚信为本的酒仙网根本不存在假酒。毕竟自从开创酒仙网后，在郝鸿峰的世界里就有了“一群人，一辈子，只做一件事”的专注，酒仙网专注于酒水行业，在探索新模式及管理突破、提升自身综合实力的过程中生生不息，不停地成长只为有朝一日能够成为世界一流酒类流通企业。所以，郝鸿峰不允许酒仙网的任何一个人因为一点点蝇头小利而做出有伤公司名誉的事。

随着不断地发展，酒仙网也一直在寻求突破，目前郝鸿峰及他的团队在现有的品牌渠道基础上进行了创新，开始布局线下新零售，即酒仙网国际名酒城，他们希望打通线上线下资源，实现线上购买，线下配送，线上引流，线下体验模式，为顾客提供更好的购买酒水体验。同时，他们也将免费营销给做到了极致。作为酒水行业第一个提出“五免费服务”的平台，酒仙网为来到店里的顾客提供了所有酒类都免费品尝的服务，不限量（拉菲、茅台几款少数的酒除外）直到喝醉为止。有免费酒就有免费茶，但凡店里有的茶都可以免费喝，只要顾客有时间，甚至可以喝上一天。值得一提的是，不卖假酒的酒仙网国际名酒城还强势地推出了免费验酒服务，让破坏市场的假酒无法存身。因此，不管消费者是从哪里买的酒，都可以在酒仙网国际名酒城中验证真伪。此外还有免费 wifi 以及免费洗手间等提供。

目前，酒仙网国际名酒城已有 100 多家门店，基本上覆盖了全国，郝鸿峰计划今年年底要开到 1000 家，5 年内要布局超过一万家，将产品及服务推广到全国各地。

企业家感言

在瞬息万变的今天，我国的酒类电商才刚刚起步，还有更多的路要走，酒仙网不是我一个人的事业，而是整个社会的。酒仙网未来 20 年，30 年甚至是一辈子的时间都会一如既往的专注于酒类零售，尽全力为“国外美酒进驻中国，中国名酒走出去”而不断努力！我们有一个梦想，希望世界上的每一个人，都可以从酒仙网上选到他最喜欢的那一瓶酒。作为北京经济技术开发区的企业负责人，我感觉开发区这些年的发展变化非常大，无论从基础设施建设还是创业公司驻扎数量都有了非常明显的提升。感触非常深的就是创业公司越来越集中,带动着整个开发区互联网、创业等企业和文化氛围越来越浓厚，我衷心的希望开发区能够越来越好。

何丽华：

半路出家叱咤抗体领域

企业家小传

何丽华，百泰生物公司常务副总经理，何丽华同志带领百泰获得“北京生物医药产业跨越发展工程G20”“中关村国家资助创新示范区‘创新型试点企业’”“北京市经济技术开发区创新奖”等多个荣誉称号；领导百泰申请并完成国家发改委、科技部等十五项国家和北京市级科研项目、获得课题经费超过8000万元；作为主要完成人获得北京市科学技术一等奖和中国药学会科学技术一等奖。

百泰生物2017年度总结表彰大会
2018
何丽华

尼妥珠单抗(泰欣生)上市十周年

15 年前，当何丽华接受了白先宏的邀请加入百泰团队的时候，她并不知道自己在这里能干什么以及能干多久，就像她不清楚敢为人先的百泰生物能在我国尚属空白的抗体药物市场有何作为，而他们的研发成果又将给癌症病人带来怎样的福音。总之，就这样一头扎了进来。当浅细的纹路悄然爬上眼角的时候，何丽华也完成了蜕变，从懵懂无知的门外汉到精通业务的内行人，日渐壮大的百泰生物是何丽华成为我国抗体产业化领域高端技术管理专家的最好见证者，也是她成长力量的源泉。2016 年 2 月 2 日，百泰生物的董事长兼总经理白先宏与副总经理何丽华共同出席了北京经济技术开发区举办的“2016 首届亦麒麟人才评选发布活动”，这一天何丽华被授予了“亦麒麟”领军人才的称号。原来，一名研习物理的女子在深耕生物医药领域后竟也能绽放出别样的精彩。

等机遇　等来伯乐慧眼识珠

早在 2003 年，拥有高学历的何丽华就已成为别人眼中的“成功人士”，每天出入高楼大厦，递出的名片上赫然印着首席代表的字样，举手投足间优雅潇洒，但是何丽华并不快乐。人前无限风光的背后，是拥有高学历的她被不断边缘化的不得志。何丽华自知，处在这种境地的并非她一人，而是一群人。低头留下，就可以继续拥有令不知情的人羡慕的工作与待遇，却实在难有出头之日；昂首离开，固然不用再因为被冷落而郁郁，可谁又知道前面的路是否布满了荆棘？有人在徘徊中坚强，就有人在徘徊中修炼。为了缓解怀才不遇的苦闷，何丽华开始自学会计，并且在半年之后，一次性通过了注册会计师四个科目的考试。不知何去何从的她一直在等一位慧眼识英才的伯乐，一位可以为她创造大放异彩的机会的伯乐。而此时，那位伯乐正在一边抢滩蓝海，一边招贤纳士。

20 世纪 70 年代，单克隆抗体这一名词才刚开始出现，科学家们逐渐意识到它可以针对肿瘤特异性分子进行神奇、有效地打击。自此，癌症治疗的新变革拉开了帷幕。2000 年，百泰生物药业有限公司悄然诞生，不同于今日的威名在外，彼时的百泰生物不仅名不见经传，而且就连试水单克隆抗体药物在癌症治疗领域临床应用的行为都会引人侧目。作为第一个吃螃蟹的人，创始人白先宏率领着百泰生物在众人质疑的目光中孤独前行。对于公司的明天，白先宏却并不担心——没有精良的装备不要紧、没有高档的空间不要紧、没有优良的办公环境也不要紧，因为他已经拥有了一支人数不多却“战斗力”极强的队伍，年轻的队员们学历高、素质高，更重要的是他们愿意把公司的发展和个人的发展合二为一。求才若渴的白先宏在满意的同时却并不满足。在他看来，公司的人才多多益善，于是在偶然认识了何丽华后，白先宏便效仿爱惜良才的古人，开始了“几请何丽华”。

勇尝试　陌生领域闯关成功

时至今日，已坐在百泰生物副总经理位置上参与公司管理的何丽华早就忘了当初白先宏到底经过“几请”，才让她动了勇闯抗体产业化领域的心思，只记得相较于今天百泰生物办公大楼的宽敞阔达、窗明几亮，那时创业者们所处的环境当真寒酸。

据何丽华回忆，此前她与白先宏并不熟识，仅仅是见过几次面的“交情”，可白先宏却认定了何丽华将是百泰生物发展不可或缺的关键人物。为了打消何丽华的顾虑，白先宏甚至提出了“加不加入团队没关系，可以先来公司看一看”的建议。事实证明，这个建议是无比正确的。当时百泰生物的十几号人因为没有合适的办公场地尚且委屈地“蜗居”在大雄城市花园旁边的商业区中，但经多见广的何丽华却从白先宏和百泰人对事业的专注中看出了他们不可阻挡的未来。何丽华最终选择了留下。

何丽华的点头对于白先宏和百泰生物来说是个好消息，但对自己却是个挑战。当时连“以 EGFR 为靶点的人源化单抗品种尼妥珠单抗”都读不利索的何丽华从成为百泰创业团队成员的那一刻起，开始有意识地通过“见工作就干”和“爱啃硬骨头”来加速提升自己的业务能力。在那段日子里，何丽华并没有因为自

己是百泰生物引进的人才而高人一等，为了缓解公司人手有限的难题，何丽华带头一人兼任多职，几乎将自己的所学所长发挥到了极致，入职没多久，她就参与了由百泰生物承担的我国第一个人源化单克隆抗体产业化重点项目。然而，有些工作却是她无论如何也想不到的——2003 年 9 月，位于北京经济技术开发区荣京东街的百泰生物I期开始基建，何丽华被委任为了现场“监工”。一名研学物理的女硕士跨行到生物医院领域却搞起了土建这件事在百泰生物被传成了一段传奇佳话。那段时间，何丽华不再穿职业套装、也放弃了高跟鞋，每天驱车进庄后就直接前往工地，待到工地上除了留守的工人再无其他人时，她才会带着满头满脸的尘土和一身疲惫离开。的确，何丽华不懂什么是标志尺寸、哪些是实际尺寸，但大家都说，只要她往工地上一站，就会觉得踏实、安心。庞大的工程在两年后如期竣工。百泰生物终于在开发区建

成了国内规模最大、设施最先进的集抗体药物科学研究、产品开发和规模化生产于一体的抗体产业化基地。走在竣工典礼的红毯上，何丽华感慨万千，她为自己有幸参与了这样的工程感到欣慰，也为将来能够在这片土地上，与同事们一起为癌症患者重造健康感到骄傲。

爱百泰　用每一件事去表白

何丽华无疑是爱百泰的，这种爱中凝聚着责任与希望。2003年开始何丽华作为团队主要成员参加了我国第一条哺乳动物细胞大规模培养系统的建设工作和中国第一个人源化单克隆抗体药物泰欣生®的临床研究。说时容易做时难，看着空空如也的厂房，欠缺扎实的生物医药知识做基础的何丽华也是一阵一阵的犯怵。彼时的百泰生物还没有专门的职能部门，何丽华一方面要跟同事们商量系统的搭建事宜，一方面要制定透明合理的采购制度，难度可想而知。但令她庆幸的是，在自己的身边站着许多专业知识过硬、责任心过强且才华横溢的同事。然而就在众人齐心协力的过程中，却出现了一个不和谐的小插曲。何丽华在干脆利落地处理了违反公司规定的当事人后也陷入了深深的自责，如果对环节的把控能够再严格一点，如果对人员的业务培训、企业文化培训再深入一点，也许有些问题是可以避免的。这件事给了何丽华启示，也成为了此后百泰生物着力将培训工作开展得有声有色、让员工入心入眼的原因之一。最终，何丽华和同事们完成了1000L、2500L、4000L规模连续灌流发酵系统的建设，使百泰抗体产业化技术达到世界先进水平，实现了我国在抗体药物领域的历史性突破。

一直以来，提到百泰生物，就必提泰欣生®。作为百泰生物自主研发的生物Ⅰ类新药，何丽华等人灌注了心血。泰欣生®临床之初，相关负责人因事离职，何丽华主动请缨、披挂上阵。这时的她早已没有了初来乍到的忐忑，唯有“逢山开路、遇水搭桥”的勇气与智慧。面对不清楚的专业术语和流程，何丽华从家里搬来了救兵，她的父母都是经验丰富的临床医生，在这方面可以予以指点；对于不懂的法规标准，她就“求助”于网络和熟识的专业人士。在此期间，出差也成了家常便饭。为了给公司节省路费，何丽华总是把路线规划的严丝合缝，保证做到不坐错一趟车、不浪费一分钱，为此她创下了出差两个月、不回一趟家的记录。白天去医院收集数据，晚上回到宾馆认真整理，遇到不明白或者质疑的地方，就会在第二天早早去医院向医生请教。都说实践是最好的老师，何丽华曾说，这两个月的所学所想对今后自己的发展起到了极大的助推作用。而那些打过交道的医生也都感动于何丽华的认真执着，纷纷跟她交起了朋友。一晃十余年过去了，他们

当中有些人成了科室主任、有些人当上了院长，虽然身份发生了变化，可他们与何丽华之间的情谊却从未改变过。

在何丽华和同事们的众志成城之下，泰欣生® 于 2008 年成功上市了。该药用于鼻咽癌的标准治疗，已被国际权威《NCCN 肿瘤临床实践指南》收录。作为靶向治疗药物，泰欣生® 适用于多种上皮源性肿瘤治疗。为了扩大泰欣生® 的临床价值，百泰生物还陆续获得了国家食品药品监督管理局颁发的用于治疗头颈部肿瘤、非小细胞肺癌、结直肠癌、神经胶质瘤、食管癌、宫颈癌、胰腺癌、肝癌和胃癌等九个新适应症的临床研究批件，临床应用前景可谓广阔。值得一提的是，百泰生物还积极响应政府政策，2017 年将泰欣生® 纳入国家医保目录，惠福于民，尽到了企业反哺社会的责任。如今，百泰生物现有十几个产品正处于不同的研发阶段，品种涵盖了肿瘤、类风湿关节炎、银屑病、心血管病、感染等疾病。与此同时，也将有数个新药完成临床研究并申报新适应症，并有多个新药进入了临床研究。

尽责任　十五载历练成专家

作为一家生物医药企业的管理者，何丽华伴着公司同成长的过程中，也结识了一些患者朋友，并为自己所从事的事业能够缓解、解决患者的痛苦而自豪。泰欣生® 上市之后，凭借其显著的疗效和独有的安全性，惠及了 70000 余名肿瘤患者，让他们获得了生活质量的提高和生存时间的延长，产生了巨大的社会效益。这么多年何丽华始终对一位 60 多岁的女性患者念念不忘。那一年，泰欣生® 得到而很多患者和医生的认可，于是他们口口相传让该药的名气与日俱增，很多肿瘤患者都将其视为希望。有一次，正在工作中的何丽华接到了一个熟人的电话，称希望通过利用泰欣生®治疗亲人的疾病。经过询问，何丽华基本掌握了该患者的情况，这位 60 岁的女性患者遭遇了肺癌脑转移。为了不辜负患者的信任，何丽华请医院的医生为其制定了治疗方案。可喜的是，在治疗了一段时间后，该患者的病情得到了很好的控制并逐渐好转。看着喜笑颜开的一家人，何丽华对自己的事业更加充满了信心。

一个公司的发展最离不开的就是人才，百泰生物的董事长白先宏为寻找人才、留住人才所做的努力一直深深地感染着何丽华。曾有人笑称百泰生物是抗体专业化领域的黄埔军校，从百泰生物走出去的人才到了其他的单位一般都能担起大任。因此，如果这一点说明了百泰生物在培养人才方面表现不俗的话，那么多年以来极低的人才流失率则力证了百泰生物在留人方面也有过人之处。为了能够人尽其才，何丽华率领着人事部门制定了详细的激励机制和促进员工成才的计划。她已经记不清，这么多年到底有多少曾经青涩稚嫩的小员工在自己的培养下成为了公司发展的中流砥柱。每当有人问何丽华为何对新入职的员工格外关心的时候，何丽华都会不禁想到十余年前的自己有多懵懂，但那毕竟是太过久远的记忆。这么多年下来，何丽华进过工地、跑过临床、带过队伍，期间还带领着百泰获得了“北京生物医药产业跨越发展工程 G20”“中关村国家资助创新示范区‘创新型试点企业’”“北京市经济技术开发区创新奖”等多个荣誉称号；领导着百泰申请并完成国家发改委、科技部等十五项国家和北京市级科研项目；作为主要完成人斩获了北京市科学技术一等奖和中国药学会科学技术一等奖，先后拥有了三项专利，并把首都国家安全工作先进个人的称号拿在了手中……就在外人认为何丽华已经分身乏术的时候，她又成为了北京市科协代表，还受聘为北京市药品认证管理中心药品检查评审专家和北京市药监局经济技术开发区分局的

"药品协管员"。

如今业内同行在赞颂何丽华的时候，往往会称她为"中国最早参与单抗开发的专业人员""中国抗体产业化领域的高端技术专家"，每每此时，何丽华都会悄然一笑：有谁的路不是一步一个脚印才走出了精彩，又有哪个"领域专家"的称号中没有蕴藏着一段奋斗史呢。

企业家感言

能与百泰一同成长是我的最大幸福。加入她的时候，我不知道自己能干什么，却被大家的热情所感染。决定要扎根百泰的时候，我就认定其为我一生的事业。这么多年下来，我在感动于

身边这些优秀的同事为我的成长给予源源不绝的帮助的同时，也对团队精神的理解越来越深：好的员工会把公司当成家，会把公司的事当成家事一样上心。我欣赏那些不为责任而推脱，不因繁重而退缩的人,并愿意与这样的人一同把公司建设成行业的标杆。

孔泰：

紧跟行业潮流，创新永不停步

企业家小传

孔泰，北京泰德制药股份有限公司总裁，中华全国工商业联合会医药商会副会长，中国医院行业协会副会长，中国化学制药工业协会副会长，中国医院协会常务理事。2014年度、2015年度中国医药行业10大新锐人物，2016（行业）影响力人物，2016年度“中国医药行业十大领军人物”，第二届“亦麒麟”工程领军人才。

2016
CE 2016
2015'中国医药行
最具影响力榜单发布

1993 年，出身医学世家的孔泰从黑龙江中医药大学临床医学专业毕业。和大多数同学不同，孔泰并没有进入医院做一名临床医生，而是进入了黑龙江省医药管理局，从事人力资源工作。在上世纪 90 年代，公务员的工作绝对可以称得上“金饭碗”，但是不安于现状、喜欢尝试和探索的热情一直埋藏在他心中，直到 1994 年底接触到“医药销售”这份职业。

1994 年 12 月，孔泰决定放弃稳定的工作和安逸的生活，加入辉瑞制药，从一名最基层的医药销售做起，挑战自我。业绩、客户、渠道……这些在普通销售人员眼中的难关，在孔泰的努力下一一被攻克。勤奋与智慧让他很快从一名医药销售晋升为大区经理，又先后担任人力资源部高级经理、销售总监、市场总监等职务。

或许是觉得已经触及了销售领域的天花板，或许是喜欢尝试的基因又一次发生了作用，2012 年，孔泰选择了离开他熟悉的制药行业，投身于医疗器械公司。不同的经历和体验，激发出了孔泰更多的热情。随着不断的探索和挑战，他的理想也渐渐清晰起来：那就是，和一群志同道合的人一起努力，把一个优秀的公司带到一个新的高度，与企业与大家一起成长和超越。2012 年底与泰德制药董事长郑翔玲女士的相遇再次改变了他的职业生涯轨迹。孔泰坦言，这次交谈彻底激发了他心底创业的激情。而在制药和医疗器械行业都工作过的经验，也为他挂帅泰德制药总裁、担负起公司转型的重任打下了坚实的基础。

向学术推广转型

“新官上任三把火”，孔泰刚在泰德制药上任就迈开了一系列改革的步伐。组织架构大调整、业务流程再造、战略业务重塑、绩效考核和奖励机制重新制订、树立企业文化……当时中国药品市场以两位数快速增长，在华外资药企已达300多家，外资药品制造商近400家，国内制药企业多达几千家，竞争不可谓不激烈。在孔泰看来，泰德制药是一家典型的内资型企业，当时最需要的就是用国际化的标准引领公司变革。而泰德制药转型很重要的一个核心就是以国际化合规的模式进行学术化推广。

在医药行业多年的工作让孔泰对于行业有着深刻的理解，例如，他发现泰德的团队以销售为导向。他一再向销售人员讲解，

医药营销的本质并非以产品为中心，而应以患者治疗为中心。也就是说内部专业人员在治疗理念上接受学术化的培训，与医生进行对等的学术沟通，通过产品的学术推广，改变和改进医生的治疗观念，而非单纯商业推广，使医生能更合理地选择使用药物，更好地解决患者病痛。

2014 年，泰德制药正式创建独立于销售和市场等商业团队之外的医学事务部。这在国内制药行业中开创了学术驱动的先河，就内资制药公司的管理和运营来说，这是一种组织架构和人力资源的创新。

在实际运转中，孔泰发现公司最初面临从销售驱动型向学术驱动型转变的难度很大。但他坚持认为，从长远来看，这一举措一定是支持企业长期发展必备的条件。如今，三四年过去了，事实证明泰德制药的学术推广转型很成功，面对无论是目前的政策变化、创新要求以及合规要求，泰德制药都做到了未雨绸缪。

创新是企业发展核心

之前二十年的工作经历塑造了孔泰人生的一部分，也为他之后管理泰德提供了很多思路，让他可以超越现有的管理模式做出一些新的改变。

在医药行业内的外企会非常注重研发创新。很多外企在研发上的投入占到销售收入的 10% 左右，但是国内企业可能只有 2% 到 3%。对于制药企业来说，研发创新就是公司的未来。秉承着这样的理念，13 年以来，泰德每年在研发上的投入达到了销售收入的 8%，这样的研发投入在在国内企业来说也是屈指可数的。

孔泰曾经在文章中写道，“创新是制药企业生存下去非常重要的一点。目前这个形势，可能很多企业觉得压力很大，也有企业觉得现在其实是个最好的时代，这个区别来源于企业模式和对未来格局的差别，最重要体现在创新的理解上。”正是基于这样的认识，泰德制药在创新研发方面不仅仅是投入高那么简单。在孔泰强力主张和积极推动下，泰德制药和一些国际大学都建立了很好的战略合作关系。在国内，泰德依托多个自有和合作的创新研发平台，在北京经济技术开发区成立了高端医疗器械和创新药的创新中心，通过这些平台把一些国际领先、填补国内空白领域的产品和技术引入中国，实现创新产品在中国真正的产业化对接，在这个领域泰德已经走在了同行的前列。

泰德是 tide 的音译，是潮流的意思。对于泰德制药来说，能够紧跟行业潮流的核心关键就是创新。

孔泰认为，创新会成为制药企业在行业竞争中生存下去非常重要的因素。包括近几年国家医药改革加速、市场兼并重组加快，很多企业觉得生存压力大，但也有企业觉得其实这是个最好的时代。而产生这一区别的原因来自于企业发展模式和对未来定义的不同，根源是对于创新理解之别。

国家目前很多的政策都在鼓励创新，但如果企业没有创新意愿的话，未来发展阻力将变得越来越大，进而让有创新企业赶超。孔泰掌舵下的泰德制药在多年前就已经意识到创新的问题，因此很早就与美国宾夕法尼亚大学、瑞典卡罗林斯卡大学以及香港浸会大学等都建立了很好的战略合作关系。在国内，泰德制药通过与中日友好医院在呼吸病领域的全国知名专家及其团队合作，共同搭建高端呼吸病研究中心。此外，泰德制药还依托多个自有和合作的创新研发平台，在北京经济技术开发区成立了高端医疗器械和创新药的创新中心，通过这些平台泰德制药将实现创新产品在中国真正的产业化对接。

泰德制药是以靶向药物研发和生产为主的企业，目前已是亚洲靶向制药最大的研发和生产企业。从国外引进的脂微球技术，在此基础上泰德制药又进行了二次创新，扩展到了脂质体技术领域。泰德制药下一个重磅产品就涉及到治疗深度真菌感染的靶向药物两性霉素 B 脂质体，预期前景广阔。在靶向药物创新难度高、投入大、时间长、产出相对少的现实情况下，剂型创新被业内认为是制药领域里非常尖端、潮流的创新形式。1998 年上市的国内第一个脂微球载体靶向药物前列地尔注射液（凯时）和 2004 年上市的第二个非甾体类靶向镇痛药物氟比洛芬酯注射液（凯纷）均被评为国家重点新产品、入选国家火炬计划项目、北京市自主创新产品和北京市科学技术奖，还被北京市评为 G20 工程单品种销售额突破 10 亿元的突出贡献度大品种。

由现在的产品前列地尔注射液和氟比洛芬酯注射液，又有扩展到其他的产品。比如即将上市的涉及到治疗深度真菌感染的

靶向药物两性霉素B脂质体这一产品。

虽然靶向药物靶向药具有较大的发展前景，但对研发技术要求高，研发成本大，研发周期长，国内很多靶向药物的研究面临着技术瓶颈，开发中高风险、高投入和高回报并存。不过，泰德制药凭借多年的靶向药物研发、生产和销售的经验，从研发、

产业化以及市场推广三方面，成功地克服和规避了这些瓶颈以及风险。

董事长郑翔玲是一位非常有国际化视野的领导，泰德又有一支具有改革创新思维的团队，因此早已布局了特殊食品领域。泰德制药的股东正大制药集团以食品见长，又有强大的学术支持。因此，泰德和很多特殊医疗食品的国际化企业建立了很好的合作平台。

一体两翼布局发展蓝图

近几年，我国医药行业改革的广度和深度前所未有，从政府在药品研发、生产、流通、使用等环节的大幅改革，都明确了行业的发展方向，那就是以临床价值和临床需求为核心，鼓励和加速创新研发，提高仿制药质量，与国际接轨，合规化规范化的发展。

文化是一个企业的核心力量。孔泰在多个场合都明确提出，泰德始终坚持以先进的高质量的药品造福患者，每一个泰德人都有非常强烈的社会责任感和企业自豪感。这是作为制药企业的初心，也是将所有泰德人团结起来的核心力量。

人才是企业发展的根本，一个企业能够吸引人才，留住人才，才能持续地发展壮大。近几年来，泰德制药连续荣获了北京市“最佳雇主”的荣誉。泰德一直致力于为员工提供一个自我发展和价值实现的平台。孔泰在公司也建立起了完善的人才梯队和人才储备计划，为员工提供了非常系统全面的专业培训以及提升通道。

作为企业负责人，孔泰对企业的重视不仅仅体现在管理方面。他同样负责泰着德制药多个在研项目的统筹管理，促成多项国际科技，合作项目在泰德转化落地。建立了国内领先脂质体技术平台；建立了国内领先的透皮给药技术平台——水凝胶制剂技术平台和压敏胶制剂技术平台，透皮给药制剂因使用方便、避免首过效应、可降低药物毒副作用而大大提高了患者的用药顺应性，成为当今世界药物制剂的研发热点。

从靶向药物研发方面来说，要想规避靶向药物的风险提高收益，首先要形成产品独特的竞争优势和技术壁垒。以泰德的自身经验而言，作为特殊制剂企业，泰德使用了国际上先进的脂微球制剂技术，利用其特殊的靶向作用，取得了良好的临床效果，并凭借高端制剂的技术壁垒，延长了产品市场独占的周期。在积累多年特殊制剂研发的基础上，进一步自主开发出产业化的脂质体技术平台，研发国内首家的脂质体抗深部真菌感染药物，解决临床上药物的毒副作用问题，做到了仿中再创新。泰德的透皮贴

剂平台也以海外引进为起点，推出第一个肌肉骨骼镇痛产品，随后在此基础上自主开发，进一步拓展到神经痛，老年痴呆，帕金森等一系列新产品。从产业化方面来说，靶向药物只有真正实现产业化，才能带来利润和发展。转化和产业化，正是泰德制药所具有的优势。泰德制药有自己的研发、注册、质量、生产、工程施工、临床、医学、市场、营销全产业链的专业化团队和设备设施，并与国内外顶级的研究机构和投资机构等形成战略合作，这都促进了药物顺利向产业转化。

"大健康"无疑已成为所有医药企业和整个医药行业共同面对的一大机遇。因此，孔泰给泰德制药制定的另一个发展战略是：布局大健康，实现一体两翼发展。总体来说，在做强、做大药品的同时，泰德将战略布局在高端医疗器械和特殊医学配方食品领域，在提升企业行业竞争力的同时创造新的成果。

企业家感言

党的十九大报告明确提出“实施健康中国战略”，让健康中国战略具有了更加深刻的内涵和更加重要的战略地位。作为一名医药工作者，我深受鼓舞。

在大战略之下，毫无疑问，整个医药行业目前正在经历着充满挑战与机遇的政策变局，各项密集政策的出台，让医药企业大有“几家欢喜几家愁”之感。

变化是表，不变是里。“自其不变者而观之”，严管质量和鼓励创新显然是诸多政策对医药企业提出的核心要求和关键。因此，大变局之下，医药企业更需沉心静气，以服务患者为出发点，以创新为驱动，以质量为生命，以精益求精的专业精神生产更安全更高效的药品，才是医药企业在这场政策风云中仍然保持稳定高效发展的根本所在。

李英骥：为新药研发保驾护航

企业家小传

李英骥，吉林大学理学博士，德国吉森大学（Justus-LiebigUniversityof Giessen）心血管医学博士。2010 年创立北京爱思益普生物科技股份有限公司，专门从事离子通道靶点的新药筛选和安全性评价工作，带领团队建立了国内最大的离子通道靶点细胞库，对心血管系统和中枢神经系统新药研发具有丰富的经验。

新药创始人俱乐部

2016
新药创始人俱乐部
New Drug Founders

尽管头顶着吉林大学理学博士、德国吉森大学医学博士的学术光环，但李英骥从未想过重复父亲职业生涯走过的道路——一门心思搞学术研究、一辈子在象牙塔里教书育人。

这位沐浴着改革开放春风成长起来的“70后”，早已在创业的热土上播撒下了梦想的种子。经过一番努力，这些梦想的种子已经开花结果——李英骥夫妇创立的北京爱思益普生物科技股份有限公司是国内首家致力于离子通道靶点药物的合同研发企业，也是国内离子通道药物研究的先行者，已经协助国内外多家客户完成上百个新药研究项目，成了新药研发的重要“加速器”。

而被誉为做学问的“好苗子”的李英骥，也被评北京经济技术开发区亦麒麟高端产业领军人才。

结缘生物医药

李英骥出生于吉林省长春市一个普通的知识分子家庭，他的父亲是吉林大学的教授，母亲则是机关单位的工作人员。

1978年，十一届三中全会开始了改革开放和社会主义现代化建设的新时期。也是这一年，6岁的李英骥开始了自己的学生生涯。

“70后”是幸运的一代。他们是文革后第一批接受完整的小学、中学、大学教育的一代人，在中国的快速发展中成长，没有像他们的前辈耽误学业，也没有像他们的后辈那样受到教育市场化的冲击。

在刚刚结束动荡的年代，百业待兴。子女上学并不是让家长们焦头烂额的大事——家长们不用拼学区房，不用为子女择校跑关系、走后门，只需要就近择校入学。当时，离李英骥家最近的小学和初中虽然办学水平比较一般，但由于离家很近，李英骥自己就可以走路上学，因此父母就把他安排在了这所学校。

在高中阶段，李英骥已经表现出了对生命科学的极大兴趣。李英骥从小就对所有活着的生命体都特别感兴趣，也对各种化学反应充满了好奇。在他上初中的时候，就经常偷偷地从父亲的实验室里“借”出实验物品，并根据书本上的知识搞化学实验。由于当时家里的空间比较狭小，李英骥偷偷地在床头搞实验，经常不小心把床边的窗帘烧出了窟窿。后来，母亲在换洗窗帘时意外发现了这些窟窿，责问之下，李英骥只好争取“坦白从宽”了。

1989 年，高考时李英骥选择了临床医学方向，一来自己对医生这份职业能治病救人的憧憬；二来也是出于自己对生命的好奇与热爱，期待自己在这个领域能学到更多的知识。

就这样，李英骥考取了白求恩医科大学临床医学专业。1994 年，李英骥在白求恩医科大学临床医学专业毕业后，成为中国医科大学心内科医生并获得内科学硕士学位。

学成回国创业

研究生毕业后，李英骥曾经当过医生，也当过大学老师。出于对医学科研的热爱，李英骥决定在吉林大学继续攻读生理学博士，学习心脏生理学。

2003 年，李英骥的夫人申请到了德国的工作机会，还没有完成博士学业的李英骥决定陪伴夫人一起去德国留学。他开始了“双线作战”，一边继续攻读吉林大学的博士学位，一边去德国吉森大学攻读心血管系统方向的博士学位。2004 年，李英骥拿到吉林大学生理学博士学位；两年后，又顺利地拿到了德国吉森大学心血管医学博士学位。

欧洲的人民热爱享受生活的生活态度给李英骥留下深刻印象。欧洲的环境优美，生活安逸，压力也比较小，是寻求稳定安逸生活的好地方。但是，骨子里的不安分让李英骥并不安于平静安逸的生活。看着身边的欧洲同事谈论中国越来越多，对中国越来越感兴趣，李英骥深深地感受到了中国的快速发展和背后百年不遇的巨大机会。在留学期间，李英骥与来自中国的“老乡们”聊天时，交流的最多的还是回国创业的梦想，同时也在搜寻回国发展的契机。

2005 年，李英骥的儿子在德国出生，他们没有为儿子选择德国国籍，而是在孩子刚满周岁时就先把孩子送回国。随着几年后北京奥运会的到来，李英骥夫妇回国发展的想法更加强烈，太太在奥运开幕式之前先回到了国内。而这时，李英骥内心也对回国充满期待——北京奥运会向世界展示了一个强大中国正在崛起，中国一定会成为世界的中心。

2010 年，在海外学习生活了 7 年的李英骥终于回到国内。当时，李英骥完全可以在国内找一个所待遇好一点的高校，专心从事教学和科研工作。不过，他不喜欢一眼就能看到自己退休时样子的生活，不满足于做大学教授，一辈子只做学问，虽然在平凡的岗位上实现了人生价值，但在风起云涌的时代浪潮里，这样的人生缺乏风吹雨打，显得过于平淡，也少了一些挑战和乐趣。

回国后，李英骥决定按自己的想法来创业。当时，李英骥虽然有创业的方向，但并不明确真正的机会。经过一番思考和调研，他认为自己一直从事的电生理学研究在新药研发产业是还有市场价值的：最基本的逻辑是所有的药物都有潜在的心脏毒性，药物的心脏毒性是新药研发失败的重要原因，ICH 因此颁布的 S7A、S7B 提出安全药理学的“corebattery”和“心脏 QT 间期延长的非临床评价”指导原则。因此如何早期识别化合物的心脏毒性对于避免新药研发的风险极其重要。电生理技术检测一些心脏的离子通道，是预测药物毒性的金标准，有着广泛的市场需求。同时，国际上也有相似的比较成功的案例。

就这样，李英骥找到了创业的起点。2010 年，李英骥夫妇创办了北京爱思益普生物科技股份有限公司，并把自己公司的发展定位为专业的离子通道靶点研究的 CRO 公司。

创业之路

有了初步的想法，李英骥就开始着手行动了。回国后，李英骥夫妇拿出了所有的积蓄，注册了北京爱思益普生物科技有限公司，把公司设在了中关村生命科学园。租的第一间实验室只有70平方米。租房子，买仪器，招员工，处于创业的忙碌与兴奋中。可是，难题很快来了，李英骥夫妇首先要面对的难题，就是技术平台的建立。离子通道靶点的药物筛选，需要从表达离子通道的细胞系做起，而且一个、两个通道根本不可能产生现金流，必须要形成几十个通道的规模才有可能。但是细胞系的建立需要非常艰辛和漫长的工作，也需要高昂的投入。夫妻两个人带着员工就这样开始从第一个细胞、第一个数据开始累积。

李英骥回忆说，刚开始创业时，才发现困难和压力都比想像中大得多，才懂得了什么叫做“烧钱”，就是飞快的把钱花掉，却不知道收入会从哪里来。除了细胞系的构建，更大的困难是没有客户。2010年正好是全球金融危机的余波，国内的CRO业务迅速跌入冰点，没有业务，而中国甚至还没有形成真正意义上的的新药研发产业，仿药占绝对优势，而专注创新药研发的企业更是少之又少。而且，离子通道靶点主要治疗的是中枢神经系统疾病，这一领域参与的企业就更少了。这个问题令李英骥夫妇极其痛苦。为了公司生存下去，他们就一边做离子通道的细胞系的研发，一边利用自己的技术帮一些大学和研究所做一些科研项目，以维持企业的血液循环。李英骥坦言，这个过程十分艰辛，但是他们的方向很明确，就是要建立国内最大的离子通道表达的细胞细胞库，这样才能为国内的新药研发产业提供客户和快速便捷的检测服务。

事业步入正轨

到 2012 年的时候，已经烧光了自己和家人的 300 万元，基本上快“断炊”了。有一段时间，李英骥甚至不敢查询自己的账户上还有多少余额。幸运的是，就在这一年年底，爱思益普得到了北京市科委提供的一笔 40 万元的产业扶持基金的项目资助，帮助李英骥度过了最艰难的时刻。

最艰难的时刻，往往也是曙光即将到来的前夜。随后不久，爱思益普出现了新的转机。2013 年，有了一定成果的李英骥得到了风险投资基金的关注。一家名为朗玛峰基金看中了李英骥公司的技术，在双方进行两轮谈判后，就顺利地签下了种子轮的投资。

种子基金的进入，短时间解决了公司的自己危机，让团队有更多的精力专注于研发，在一定程度上成了公司创新的“催化剂”，在后来的几年中，爱思益普成功地建立了中国最大的离子通道细胞库，为公司的发展提供了重要的保证。李英骥说，如果当时没有资本的支持，可能公司再熬一段时间，也最终摆脱不了关门的命运。种子基金的介入，让李英骥夫妇收获了信心，也让公司看到了胜利的曙光，顽强地生存成长。

2014 年 10 月份，因为中关村生命科学园的实验室空间已经和公司的快速发展不匹配，而要租用更大的实验室。这时，李英骥夫妇注意到，位于北京东南部的北京经济技术开发区具有更好的产业环境，开发区的生物医药产业园已经形成规模，开发区又对科技研发型企业给予许多政策优惠。因此，李英骥决定，把公司搬往北京经济技术开发区，进行“二次创业”。

到了开发区以后，开发区的相关部门非常给力，对企业给予了许多关心。2015年，李英骥夫妇都入选了北京市海外高层次人才聚集工程，又入选了开发区的“亦麒麟”领军人才，获得了北京市和经济技术开发区政府的有力支持。

进入2016年，中国的医药产业连续出台了大批新政，中国的新药研发产业迅速崛起，中国迎来了新药研发的“黄金时代”。爱思益普由于前期在研发上进行了大量的投入，建立了大量的细胞系，也迎来了业务的快速增长。2016年，爱思益普公司已与国内外七十余家药厂，研发机构及科研用户完成了100多个新药研究项目。

2016年，李英骥主持继续进行北京市中小企业创新基金项目“干细胞诱导分化心肌细胞心脏安全性评价及心脏药物研究服务平台”，2016年为第三年，项目进行顺利并申请发明专利一项。同时新药研发项目“苯甲酸衍生物的药物新用途”也获得PCT

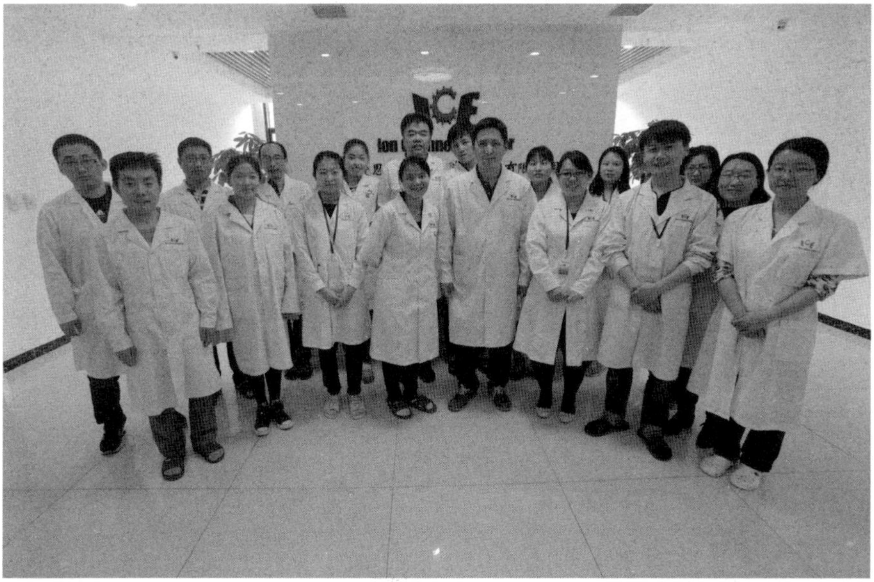

专利授权。同时，李英骥也主持了公司内部细胞系研发工作，正在进行相关专利申请，并获得相应企业订单。

现在，爱思益普的发展已经步入正轨，竞争优势十分明显，客户群体发展较快，已经和国内许多新药研发企业建立了很好的合作关系。李英骥说，这些新药研发企业看中了爱思益普独特的技术、高质量的实验数据，以及快速高效的完成实验。

这些发展的业绩，也有一个很直观的标尺：2015 年公司刚刚搬到北京经济技术开发区的时候，租用的实验室面积只有 300 平方米，而现在公司的实验室面积已经拓展到了 1300 平方米。目前，公司现金流稳定。

这一切也都有赖于开发区政府优惠政策的支持。开发区的人才部门和领导对企业的发展十分支持，经常主动和企业家交流沟通，了解企业困难。开发区给企业提供了许多扶植政策，让企业家可以一心一意专心做企业，不用分散精力。特别是公司有机

会入选开发区的人才项目，政府对公司给予了真金白银的支持和奖励，这对公司的发展是极大的鼓舞。再次，开发区生活成本相对比较低，而且上班比较方便，员工的生活质量比过去显著提高。

目前，李英骥的团队有现在有 30 多个人的团队。公司一半以上的人员具有博士或硕士学位，为公司未来的发展拓展了巨大的上升空间。

此外，开发区有很好的生物医药产业，这里聚集了上百家处于快速发展期的企业，有大量的人才，这些人才可以很好的交往交流，这种交流并不仅限于业务上，也有情感和心得方面的互动，这会让创业者感到在创业的道路上不孤单。

李英骥坦言，看到这两年公司在开发区的发展，自己有时候也会在反思，如果早一些把公司搬到开发区，也许会为公司的发展节省更多时间。在李英骥看来，未来五年或者十年，随着国家政策的变化，未来新药研发项目会快速增加，公司的业务也会迎来大幅的增长。

企业家感言

回想这些年我和太太一起走过的创业之路，磕磕绊绊有之，鲜花荣誉亦有之。值得欣慰的是，现在公司的各项事业已经逐渐步入正轨。

我们立足于用自己的技术优势，为中国的新药研发事业贡献微薄之力。我们立足于离子通道靶点研究，立足于帮助新药研发机构发现更安全有效的中枢神经系统和心血管系统药物，并帮助他们避免新药研发中心脏毒性和中枢神经毒性的陷阱。

公司的成长壮大，离不开公司全体员工的共同努力，更离不开北京经济技术开发区的支持。最重要的是公司发展有一个很好的外部环境，包括产业发展的大势、开发区的产业集群打造和营商环境等等。作为一家快速成长的企业，我们很荣幸能够见证开发区的发展，也很高兴参与到开发区的发展进程之中。

当前，新药研发迎来了快速发展的良好机遇。我们希望公司在专业化的道路上越走越精深，帮助更多客户在新药研发的过程中扫除障碍，让医药企业、患者、公司员工、股东等各方面都能因为我们的发展而受益。

欧阳兆槐：

耳顺之年开启创业旅程

企业家小传

欧阳兆槐，美籍华人，博士，北京市特聘专家，中关村高端领军人才，北京经济技术开发区“亦麒麟”领军人才。北京博奥晶典生物技术有限公司副总裁兼首席科学家。本科毕业于北京师范大学生物系生化专业，毕业后通过 CUSBEA 考试项目赴美留学，获贝勒医学院（BaylorCollegeofMedicine, Houston, Texas)博士学位。全面负责北京博奥晶典的产品研发、技术创新，引进、吸收和转化国际领先技术和产品，打造了新一代生物检测技术平台。

B4572

如果一定要给自己贴上一个标签，最适合欧阳兆槐博士的标签，或许是“不安分”或者“爱折腾”。

这位出生于普通农民家庭的生命化学博士，年少时曾经想过成为一名木匠，或者认真地当好一名乡村教师，收获“桃李满天下”。不过，不安于现状的他选择了一条最为折腾的人生道路：他放弃了在江西农村的安定生活，背井离乡到北京求学，而后又出国深造。经历漫长的求学之旅后，年近耳顺之年的他已经成为生物科学领域的一名专家。

五年前，爱折腾的欧阳兆槐又一次放弃在国外优越的条件，毅然选择回到祖国，开始一段全新的征程。五年过去，欧阳兆槐参与领导的博奥晶典已经形成科技研发、成果转化、产品生产、国内营销、国际营销、运营管理和资本运作的完整产业链和事业集群。

吃“商品粮”的小梦想

每一段不平凡的人生旅途，都始于简单的开始。对于欧阳兆槐而言，没有例外。

在上个世纪60年代初，欧阳兆槐出生于江西宜春一个极其普通的农村家庭。贫穷，是那个年代绝大多数农村家庭的共同特征之一。欧阳兆槐所在的乡镇紧挨着湖南浏阳，地理位置较为偏僻，属于江西的欠发达地区。

欧阳兆槐至今仍然清晰地记得，父母曾经给自己讲过，在那个“多子多福”的年代，他们先后一共生下了六男六女总共十二个孩子。但是，由于家境实在过于贫穷，加上乡下的医疗卫生条件也十分有限，其中八个孩子在年幼时便不幸夭折，只剩他和三个姐姐幸运地活了下来。

对于欧阳兆槐而言，更大的幸运是，作为家庭里唯一的男孩子，在“重男轻女”观念根深蒂固的农村，他获得了让姐姐们羡慕不已的上学机会。1966 年，欧阳兆槐背起了小书包，开始了自己的学生生涯。

当时江西实行的学制是小学五年半（本来五年，期间由于学年开始从秋季改为春季增加半年）、初中两年半（本来二年，期间由于学年开始从春季改回秋季增加半年）、高中两年。十年的求学光阴不长不短，尽管没有学到多少文化知识，但却是十分快乐的时光。不过，快乐的时光，往往也是十分短暂的。1976 年，欧阳兆槐顺利地完成了高中学业。不过，由于众所周知的原因，他的学业被迫中止，无奈只能重新回到农村。务农，成了欧阳兆槐当时唯一的出路。

欧阳兆槐的父母对他学习上的要求十分严苛，他之前的主要任务除了学习还是学习。因此，在整个学生生涯，欧阳兆槐几乎从来都没有下过地，家里的农活都由父母和三个姐姐承担了。虽然谈不上“四体不勤五谷不分”，但对农活确实知之甚少。他之前正因如此，走出校园的欧阳兆槐，想要投笔从“农”，显然不是一件容易的事情。

在农村生活，不会农活，也总得需要掌握一门谋生的手艺。年轻的欧阳兆槐突然发现，自己对木匠的手艺十分感兴趣。一方面，木匠是一门手艺活儿，不用风吹日晒，远比农活轻松；另一方面，那个年代农村盖房子多以土木结构为主，木匠一般不用担心找不到活儿干，更不用担心挣不到钱。

不过，就在欧阳兆槐已经下定决心去与拜师学手艺的时候，一个改变千千万万学子命运的消息响彻中华大地，也传到了欧阳兆槐所在的小山村：1977 年 10 月，中国各大媒体公布了恢复高考的消息,并透露本年度的高考将于一个月后在全国范围内进行。

对于许多学子来说，这一消息无疑是久旱之甘霖。而此时，欧阳兆槐难以抑制内心的激动，他似乎已经看到，通往吃“商品粮”的大门已经为他打开了。

事实上，欧阳兆槐并不知道自己的知识水平究竟如何——在那个特殊的岁月，学校的教学秩序十分不正常，平时也极少组织考试，学得好不好，更多的只是学生的自我感觉。不过，欧阳兆槐把参加高考当做了离开农村、吃上“商品粮”的唯一阶梯，他心无旁骛、认真备考。

当时镇上有大约8万人口，但吃商品粮的人口只有几十个人。欧阳兆槐深知，只有知识才能改变命运，才能让农村的孩子有机会吃上商品粮。就这样，欧阳兆槐参加了当年的高考。

高考的成绩公布让欧阳兆槐大吃一惊。原来学校没有怎么组织考试，他一直以为自己的成绩马马虎虎，还算说得过去，考个好大学应该问题不大。没想到，他的高考成绩在当时只能报师专。而那一年，全镇有四五百人参加了高考，但最后包括他在内也只有四个人考上中专，可见那个年代农村教育水平之糟糕。

抓住出国留学的机会

报考师范学校（中专）是欧阳兆槐当年的无奈选择。

不过，这也是最好的结果。要知道，去读师范学校，就意味着欧阳兆槐有了获得商品粮户口的机会。欧阳兆槐决定抓住这一次机会，并于次年3月份入学宜春师范学校，就读数理专业。

在宜春师范上学的时候，欧阳兆槐的年龄在班上算最小的。或许是因为学习氛围过于宽松，欧阳兆槐反而觉得学习上并没有太大的压力，自己的成绩在班上也一直排名靠前。就这样，欧阳兆槐成了一枚不折不扣的“学霸”。

经过一年半的学习，1979年9月，欧阳兆槐被安排到了宜春慈化中学实习，并凭借突出的教学成绩，于次年正式入职。在那个年代，教师资源十分匮乏，欧阳兆槐虽然只是师范中专毕业生，但在学校里承担着高中物理、数学、地理等功课的授课任务。

当时，在镇上的中学教书，在很多人的眼里是十分有面子的职业，而且还是“吃商品粮的”。

在镇上中学待了两三年后，爱折腾的欧阳兆槐再一次心血来潮：参加高考！曾经欧阳兆槐的心愿就是吃上商品粮这个目标在考上师范学校时就实现了。如果不再给自己设定一个目标，不再想办法折腾一下自己，欧阳兆槐担心自己再过些年就会丧失前进的动力。但这个目标是什么呢？欧阳兆槐也没有想清楚，只是内心很清楚：决不能安于现状。

正是这样的想法，让他走向了更广阔的世界。由于当时的教师资源十分匮乏，当年的高考政策对于教师群体有两条规定，一是必须工作满两年以后才能再次参加高考；二是报考的方向只能是师范类院校。第二次参加高考，欧阳兆槐准备得十分充分。以他当时的高考成绩，如果报考北大、清华应该都没有问题。不过，囿于当时的国家政策，他只能报考北京师范大学。

对于学校的选择余地不大，而对于专业的选择，欧阳兆槐着实花了不少心思。当时社会上有一个观点很流行，认为“生物学是下一个世纪的学科”。喜欢和新鲜事物打交道的欧阳兆槐决定，把志愿填报为北京师范大学的生物化学专业。

一切都进行得很顺利，欧阳兆槐如愿以偿地被北京师范大学的生物化学专业录取了。他也成为新中国成立以来，镇上第一个考进北京的大学生。

从南方到北京，一切对于欧阳兆槐都十分陌生。不过，越是在陌生的环境里，似乎更能激发他的热情与激情。

在北京师范大学求学期间，生活上欧阳兆槐并没有遇到太多的麻烦。当时，国家对师范生每个月都有相应的生活补贴，基本上足够欧阳兆槐的花销。不过，在学习上，他遭遇的麻烦可真不小。

当时班上同学的水平参差不齐，欧阳兆槐来自乡下，在班上又属于年龄最大的学生，与许多同学在学习上的差距十分明显，特别是英语的差距更为突出。底子薄，欧阳兆槐只能多花时间自学补课，迎头赶上。

功夫不负有心人，欧阳兆槐的努力很快就收到了回报。1987 年，成绩全班第一的欧阳兆槐被推荐保送成北京师范大学的研究生。与此同时，他还考取了中美生物化学联合招生项目（CUSBEA）。

CUSBEA 是我国改革开放后生命科学领域最早的国家公派留学项目，开始于 1981 年，结束于 1989 年，短短八年间共招收 400 余名顶尖的中国学生赴美学习研究生课程。他们中的相当一部分人，如王小凡、王晓东、骆利群、袁钧瑛、施扬成为了国际一流的生物学家，至今一直活跃在生命科学领域研究的前沿。

几经权衡，欧阳兆槐决定放弃北京师范大学的保送机会，前往美国深造。1987 年 –1988 年，欧阳兆槐被派到中山大学进行出国前的英语强化培训，并在培训结束后前往美国。

徘徊在校园与公司之间

事实上，在去美国之前，欧阳兆槐对于自己的未来能做什么，也是一头雾水。到美国之初，文化和语言上的落差，更是让欧阳兆槐感到诸事不顺，颇为痛苦。

多年以后，欧阳兆槐再重新回忆起刚去美国的学习生活经历时，颇为感慨。在他看来，中国的文化和美国文化最大的不同在于内敛含蓄与张扬随性。一般而言，中国的留学生参与讨论的意识不强，在课堂上或者做学问的过程中更喜欢自己琢磨，而不是开口请教。他们总是担心自己一开口会问错问题，或者是问的问题太简单，太naive。而相比之下，美国的学生骨子里面都有“天不怕地不怕”的气质，他们在任何场合都有可能向别人请教任何问题，从来不会有什么顾忌。

当然，中国的留学生也并非没有优点，比如，中国的留学生比美国的学生更会吃苦。欧阳兆槐刚刚入学的时候，他的导师要求欧阳兆槐只要完成三篇以第一作者署名发表的论文，就能提交毕业申请。在他的导师看来，欧阳兆槐要完成这一任务，可能需要用三到五年的时间。出乎意料的是，欧阳兆槐只用了两年的时间，就写出了高质量的论文，并顺利发表了。这样的成就让他的导师感到十分惊讶，对欧阳兆槐的学术科研能力更加认可了。为了让欧阳兆槐能多留在学校一段时间，他的导师又马上改口，希望其能待满五年。

1993年，欧阳兆槐顺利拿到了博士学位。这一年，他再次站在了一个面临选择的十字路口。从他的内心来说，自己作为父

母的唯一儿子，如果能够回到国内，可以更好地尽孝道。可是，当时国内生物化学的学科发展底子薄，学科的前沿技术和应用科学都在美国。自己如果选择回国，能做的只是基础性的理论研究，在应用方面就很难有所突破。而对于自己而言，从事生物化学研究的兴趣，恰恰是在应用领域。

在对学术的追求和对家人的思念之间，欧阳兆槐咬牙选择了对学术的追求，选择了留在国外。不过随着年龄的增长、事业的发展，欧阳兆槐拥有了自己的家庭，也面临了新的尴尬——家里有了三个小孩，他们的许多课外活动都需要有家人的陪伴。而以他的工作节奏，很难兼顾到家庭和事业。

回国找到最好的归宿

虽然离乡千里，离国多年，对故乡的思念一直萦绕在欧阳兆槐的心头。2013 年，他的第二个小孩上大学，时任博奥国际下属的博奥生物 COO 的许俊泉先生邀请欧阳兆槐回国发展。面对家庭和事业的选择，欧阳兆槐爽快地答应了。在他看来，21 世纪一定是属于中国的世纪。2000 年以来，中国的各项事业发展十分迅猛，特别是 2008 年北京奥运会顺利举办，更让世界看到了中国的繁荣昌盛。而从自身的内心看，欧阳兆槐也一直希望能有机会回到国内，毕竟自己在美国已经呆了 25 年，回家的心情越来越迫切了。

就这样，2013 年 10 月，带着满腔的热情，欧阳兆槐回到了国内，并成为了刚刚注册成立不久的博奥晶典的第一位正式员工。

博奥晶典刚开始在北京昌平生物科学园运营时，是博奥生物集团有限公司暨生物芯片北京国家工程研究中心旗下主要产业化平台企业，承担着快速产业化和证券化的使命。不过，由于公司刚刚成立，一切都是从零开始，连研发团队都没有。

这样的局面有利有弊，弊在于自己需要付出更多的努力和消耗更多的时间，才能完成前期的各项准备工作；利则在于在白纸上画画，更能把自己的思路全面贯彻其中。欧阳兆槐对此早已做好了攻坚战的准备。

欧阳兆槐到博奥晶典的第一件事，就是组建研发团队。这是公司的头等大事，也是最大的难事。在欧阳兆槐看来，国内的硬件条件并不比国外差，但是人才队伍和科研氛围相对弱一些。为了组建科研团队，欧阳兆槐几乎是对于每一个新招进来的高级研发人员进行亲自面试，只选择对公司的发展“最有用”的人才，而不去选择“名气大”的人，力争做到建立科学合理的人才队伍，

使其在具体的工作中能够真正发挥作用。

有了研发团队，公司的业务也就可以开展了。经过几年的努力，博奥晶典的研发团队已经达到 120 多人，公司总员工 600 多人，每年的研发投入占销售收入的比重达到了 12%–15%。

2015 年，受昌平发展条件的限制，加之北京经济技术开发区在生物医药产业方面的布局相对完整，欧阳兆槐决定把博奥晶典搬到北京亦庄的经济技术开发区。由于有周围的产业配套，以及政府的政策支持，搬到开发区的博奥晶典发展十分迅猛。目前，公司的研发试验室面积达到了 1 万多平方米，年销售收入达到了 4 亿元。

在欧阳兆槐看来，北京经济技术开发区无论从大的政策环境设计，还是从小的环境打造来说，都十分有利于企业的成长。一方面，开发区在硬件方面不断加大投入，成立了 20 个创新中心，支撑企业从科研创新和人才引进。博奥晶典作为一家科技创新型企业，博奥晶典在成长的过程中，得到了开发区的大力支持。另一方面，由于开发区聚集了许多生物医药企业，彼此之间不仅有竞争，更有互补与互动。而且，开发区也十分注重不同企业之间的人才交流，这在其他地方是十分少见的。

正是因为有了这些支持，博奥晶典得到了很好的发展机会。在欧阳兆槐看来，经过前些年的积累，博奥晶典自身也已经具备了一定的实力，已经拥有点样仪、杂交仪、洗干仪、扫描仪等设备及试剂盒等产品。未来将以自有平台为基础，引进转化吸收各类国际领先技术平台,努力开展新一代生物检测技术的研发工作，具体包括芯片、测序、多重 PCR、质谱、细胞分检等。

欧阳兆槐说，目前公司已经迎来了前期创新能力积累的释放期，正在加快推动创新科技的产业化进程，希望能有更多的健康体检产品进入到普通百姓的日常生活,为实现健康中国贡献力量。

➢企业家感言

从出国到回国，一晃已经 20 多年过去了。20 多年来，我个人有了许多变化，当然也包括鬓角发白。

作为一名海外游子，我们看到伟大的祖国的各项事业取得翻天覆地的历史性变化，深感激动与自豪，归国返乡的念头也愈发强烈。我很感激我的同事们，是他们的鼓励和帮助，让我把内心的想法落实为行动，让我在“知天命”之年，仍然有足够的勇气回到祖国，投入到创新创业的大军之中。

经过几年的努力，我们的公司现在已经小有成就，正处在蓬勃发展的好时候。这些成绩的取得，与我们自身的努力密不可分，也与北京经济技术开发区各部门的大力支持和关心指导，但更重要的是伟大祖国这些年来经济社会快速发展，全社会更加注重创新驱动发展，更加尊重人才、更加注重知识产权保护，更加注重激发创新活力。

我们相信，有了这样的氛围，我们每一个归国科学家会更加坚定产业报国的信念，会更加用心地在技术创新上下功夫，会努力研发出更多国内领先、世界水平的新技术、新产品，同时加强产业化运用，使高科技含量的产品与寻常百姓的日常生活相结合，使科技发展的伟大成果惠及亿万民众。

孙晓斌：三次清零扛起多媒体大旗

企业家小传

孙晓斌，数码辰星科技发展（北京）有限公司总经理及董事长，1995-1997 华中科技大学管理学院攻读管理学硕士，期间被评为”华中科技大学科技十佳”。1997-2000 华中科技大学 CAD 软件国家工程中心攻读工学博士。曾供职大唐电信北京研发中心，历任多媒体通信项目经理，关键技术部经理及研发中心主任助理。2002-2005 创办北京中盛智诚科技发展有限公司。2005-2006 担任中企动力科技股份有限公司多媒体实验室技术总监。2007-2010 历任大地文化传媒集团多媒体研究院院长，总工程师。2010 年，创办数码辰星科技发展（北京）有限公司，任总经理及董事长。

18 年前，本可以守着“名垂校史”的成就徜徉于校园中，安静地作着课题的他却毅然放弃“厚家底”，接过了国内一家电信公司抛来的橄榄枝；16 年前，本可以凭借异常出色的表现在公司里大展拳脚的他，却亲手结束了“不出意外平步青云”的传奇故事，宛若一片不惧风的树叶离开母体开始寻找独自生根的机会；13 年前，已经在智慧城市领域谋得一席之地的他，却在几经思量后把当年一手打下的江山拱手于人，只身重回多媒体行业。他就是孙晓斌，一个敢于将成绩“清零”、善于绝境生花的掌舵人。而坐落于北京经济技术开发区数码庄园中的数码辰星科技发展（北京）有限公司就是他战船，从 2007 年到 2018 年，孙晓斌驾驶着数码辰星，一次次地开创了我国在国际多媒体海洋中的中国航线。回首往昔，有太多的艰难不易，也有太多的峰回路转，始终把“坚韧倔强”与“产业报国”作为标签的孙晓斌更愿意以“笑说”的方式跟众人分享自己的故事。

首次“清零”　“裸奔”去大唐

孙晓斌一直认为，理论结合实际才是做学问最好的途径——彼时的他还是江汉石油学院的一名本科生，却从大二下学期就开始带领着小团队做科研。他先后提出的游梁行星轮组合式长冲程抽油机和新型异型旋转驴头增程式抽油机，均获得了国家实用新型专利，而且前者还获得了湖北省大学生优秀科技成果一等奖，孙晓斌则成为该学院最早获得这个奖项的学生，一时间名声大噪。在大四即将毕业的时候，他和团队又获得了全国挑战者杯二等奖的佳绩。四年间，孙晓斌发表在国家核心期刊上的文章更是篇篇见彩。

大学毕业后，孙晓斌没有急于工作，而是决定读研。本想着留在机械设计和制造领域继续深造，却阴差阳错地考进了华中科技大学管理学院，攻读管理学硕士。正是这次“阴差阳错”让孙晓斌更早地具备了在企业资源管理领域纵横的能力。走进华中大的孙晓斌如鱼得水，保持着大学时的学研模式，发表了很多文章，做了很多项目，获得了很过奖励。其中就包括湖北省的科技

进步奖二等奖。值得一提的是，那一次这个奖项排名前十名的获奖者中只有孙晓斌一个学生，其当时的实力可见一斑；走进华中大的第二年，孙晓斌被评为了华中科技大学科技十佳。但凡入选者都将记入华中大的校史，而华中大的校史上定然记录着“孙晓斌”三个字。

在结束了硕士的学习后孙晓斌毫无悬念地被保送读博，进入了华中大最强的机械系，接下来的日子他又进入了出书、发表论文、做课题的循环中。看似波澜不惊，实则为即将的展翅积蓄力量。而博士毕业论文的发表则见证了孙晓斌在读博求学期间所做科研的一个高潮期，论文 70% 的内容在我国机械工程领域的顶级学术刊物《机械工程学报》中发表，而且前后共发表了三篇长文章。这是多少人梦寐以求却终难实现的梦想。除了在落笔生花外，他还顺利地申请到了国家自然科学基金，完成了国家高技术研究发展计划（863 计划），并从 1997 年 9 月入学，到 1999 年 12 月两年多一点的时间完成了博士论文，而该博士论文后来还被评选为湖北省百篇优秀博士论文。

接下来的路该怎么走？大多数人都认为孙晓斌会选择留校。原因有很多，比如，他的导师是鼎鼎有名的原华中大校长——周济，校长的门生前途自然无量；再如，他拥有的科研成果和经历经验足以令学校对他的留下双手欢迎。但是，年轻的孙晓斌还是转身投向了外面那个接触不多却向往已久的世界。“的确，如果留在学校，自己曾经的积累就会在此时产生莫大的助力；如果去公司，那些论文或者课题将在某种意义上成为过去式。但是，多年的深入其中让我知道，学校与公司的最大区别就是，前者更倾向于发挥“长板”所长、避免短板之短。而在公司，尤其是在将研成果转化为生产力的时候，起决定性作用的往往是短板。我希望能够补齐自己的短板。”25 岁的孙晓斌豪情万丈，大学期间就在油田里做项目的他信奉的自然是产业报国，因此在面对人生的转折时，他选择了迎难而上。此时向他发出邀请的是一家国内知名企业——大唐电信。而“裸奔大唐”则成了孙晓斌人生中的第一次“自我清零”。

二次“清零”　埋头打江山

当时包括华为、联想在内的大公司都向孙晓斌抛出了橄榄枝，但他却是独爱大唐电信的旗帜鲜明，因此在博士尚未毕业的情况下就以实习生的身份进入了大唐电信。

许是机缘巧合，刚刚进入大唐电信的孙晓斌就得到了一份与自己能力匹配度极高的工作，参与多媒体通信项目的研发。早在校园中就已出色完成若干项目、对校园科研项目流程驾轻就熟的孙晓斌通过不长时间的观察就清晰地分析出了该项目不能正常推进的症结所在，新来乍到的他没有丝毫的羞涩与拘谨，大胆地提意见、出方案，终于保证了项目如期完成，自己也因此成为了团队中的佼佼者。但是，在这期间孙晓斌也隐隐有一丝担忧，而这份担忧最终在他被公司列为优秀学员代表、照片印在大唐电信的招生宣传册上被广而告之的时候成为了现实。“毕竟走进大唐时博士还没有毕业，为了不让同学们起疑心，我一般周一到周五在北京工作，周六日在武汉的实验室中学习。这种五加二的模式持续了很久，直到双重身份被拆穿。”忐忑的孙晓斌不知道自己将面临什么样的惩罚。开明的校领导及时站出来，并给予了六个字的“判决”——不宣传、不打压。孙晓斌深知这六个字的分量，这里面不仅有“放一条生路、对莘莘学子的爱惜”，更激荡着那一辈人关于产业报国的厚重情怀。

拿到“特赦令”的孙晓斌在大唐电信从容地规划着自己的

发展路线，从实习生到正式员工，从项目经理到部门经理，再到研发中心主任助理，一路走来顺风顺水。但就在此时，他却有了离开的想法，因为之前做项目时给公司领导留下了不错的印象，当时大唐的董事长甚至亲自出马对他进行了挽留。孙晓斌曾动情地说，尽管已经离开，但时至今日，他都为自己曾是一名大唐人，曾在通信的国家队效力过而骄傲。那一年是 2002 年，大唐电信少了一名杰出的主任助理，而一个名为北京中盛智诚科技发展有限公司在获得风险投资基金支持后正在慢慢崛起。

三次“清零”　扛起产业报国大旗

孙晓斌作为创业团队中年纪最轻、持股最多、经验最丰富的人，当仁不让的成为了团队领袖。但此时他这个领袖却并不顺意，昔日别人的满脸堆笑早已换成了敷衍，那些令人咂舌、令他引以为傲的资源也早已随着身份的转变而面临过期。一向骄傲的

孙晓斌不得不低下头，一面接受现实一面埋头打江山。那时的孙晓斌宛若一片离开大树的叶子，有迷茫甚至恐惧，但更多的是期望，倔强而坚韧的他坚信自己能够在市场这片土壤中生根发芽、开枝散叶。

为了盘活旧资源，开拓新市场，孙晓斌放低身段开始当起了销售人员。在他和团队的不懈努力下，终于在转过年的5月拿到了一个价值400多万元的国防领域项目，这让他们雀跃不已。不停测试、如期交付，高质量赢得了好口碑，孙晓斌再也不用终日奔波于潜在客户的门下，却依旧行色匆匆。随后的两年中，公司又接到了公安部第一个城域网多媒体监控业务运营系统试点——“平安贵阳”的建设项目。正是这个项目成就了公司，却也最终导致了孙晓斌和创业团队的分道扬镳。

该项目的核心是打造拥有自主知识产权的集成监控系统，孙晓斌等人围绕视频信息的采集、视频信息的存储组织以及视频信息的应用对视频监控系统进行了设计。这个系统打破了监控应

用的传统模式，可以说当时在国内是首屈一指的。在完成了系统研发和项目上马后，团队内部开始出现了不同的声音——一种是创新，挺进多媒体市场；一种是留守，深耕现有市场。毫无疑问，孙晓斌是第一种声音的发出者，且仅有他一人而已。当两种声音即将碰撞出风暴时，孙晓斌不得不对自己以及团队的未来进行思考了——团队中的其他人选择继续留在集成监控领域其实并没有错，毕竟公司的产品是有市场的，而自己的选择更是出于更长远的考虑，他希望能肩负更多的责任。孙晓斌太清楚当时的局面了，一边是共同创业的兄弟，一边是自己的理想与判断，他不忍用强伤害也不想就此放弃，最终只能黯然离开。这是孙晓斌的第三次清零，他离开了自己攻下的阵地，积蓄力量再出发。2005 年，孙晓斌只身一人闯进了多媒体的大门，六年之后，他将在此开启一个烙有中国印的多媒体时代。

2005 年，孙晓斌进入了南海控股，与董事长一拍即合创办了多媒体实验室，四年后南海控股筹建了文化传播板块，也就是现在大地传播集团的前身。作为传播板块的技术负责人，孙晓斌从头开始参与了大地传播集团的创办，作为大地传播集团多媒体研究院的院长，总体负责大地影院集团的技术总体规划及产品研发工作。而数码辰星科技发展（北京）有限公司的成立，则让孙晓斌真正开启了“星辰与大海”的征途。通过当时对国际国内的市场分析，他做出了正确的研判——公司要具备数字媒体技术服务技能及影院系统整体解决方案服务技能，真正引领我国数字电影的发展。“这绝不是头脑一热的异想天开，而是酝酿已久的凌云壮志。”实干家孙晓斌希望能由自己研发出属于中国的数字电影服务器。但是，彼时我国数字电影放映服务器市场已经完全被好莱坞垄断，杜比与 GDC 两巨头环伺，小小的辰星该如何突破？自如研发又谈何容易？

“我们的痛苦是没有头绪，前无古人经验借鉴、今无领域知识助力，我们在摸着石头过河的过程中几遇湍流。”每当回忆起曾经的种种，如今的孙晓斌依然无法做到云淡风轻。国外专业机构的质疑、国际同行的防范像是一堵牢固的高墙阻挡着孙晓斌和辰星前进的步伐。为了寻找专业的支持，辰星唯有聘请国外的专家进行指导，并为此付出了高昂的咨询费——从专家所在国登机开始计算，每小时 100 美金。值得庆幸的是，资金以及人力流水似的投进去，终于听到了回响。2011 年，国内第一台具有自主知识产权的 2K 数字电影放映服务器的成功研发终结了杜比与 GDC 对我国数字电影服务器行业的长期垄断，标志着从此以后在该领域不再是美国一家独大，扬眉吐气在今朝！辰星也因此获得了国家电影局优秀科研成果二等奖，第二年，再获得北京市科技进步二等奖。

作为国内唯一一家致力于 2KMB 板卡和 4K-IMB 电影放映服务器的研发厂家，孙晓斌带着辰星频频发力，国内第一套自主知识产权的 2K 数字电影编码系统、国内第一套影院安全票房信息管理系统、国内第一套自主知识产权的激光巨幕系统等产品相继问世，填补了一项项国内空白。辰星科技真正进入了超车道。截至 2017 年 6 月，辰星科技累计建设超过 4500 块数字银幕、参与设备建设近 5000 个影厅、技术服务签约影院达 1200 余家，范围涵盖全国 30 个省、自治区和直辖市。其领先的科研能力也得到国际权威机构认证，2016 年辰星科技正式成为 LIPA（全球激光放映协会）顶级成员，是 LIPA 的首家、也是唯一一家中国企业。2017 年 11 月辰星成为中国电影行业领域首个且唯一获得 ISO20000 信息技术服务管理认证的服务商，标志着其不仅具备了稳定成熟的产品研发技术，还拥有了完善的管理体系和能力。

2016 年底，鉴于辰星科技在中国电影领域的突出贡献，孙晓斌被北京市评选为2015–2016双年度的优秀创业企业家。同年，又被北京市劳动局破格评选为计算机专业的教授级高级工程师。先后担任首都文化产业协会副监事长暨常务理事，中国电影发行放映协会电影技术分会理事，国家广电总局DRM标准起草委员会专家组成员，国家电影局技术标准评审委员会委员，国家电影技术专家组主要成员，北京市科学技术专家库入库专家以及国家电影局历届科技论文大赛评委，在国内电影技术领域有着广泛知名度。回首来时路，坎坷已成坦途，雄心壮志也镌刻在了孙晓斌产业报国的大旗上。但对于热爱征途的他来说，这只是一个驿站。我国还未拥有中国芯的数码电影放映机，数码电影市场还不够成熟、要走的路还有很远很远……去年三月，踌躇满志的孙晓斌入选了北京经济技术开发区的“亦麒麟”人才。麒麟之才，必德才兼备，不惧风雨兼程。

➢企业家感言

价值，凝聚，责任，共赢，这是我个人对待事业的态度，也是辰星科技一路走来孕育的共同文化。经过这么多年，辰星科技在我心中早已不是一个简单的企业形态，而是一种根植于内心深处的企业精神。我们是一群具有坚定自我价值认定并积极追求自我价值提升的人，我们因为价值观的相同而凝聚在一起，我们不说空洞的口号，我们愿意将团队共同的目标分解成自己肩头的责任并勇于承担，我们期待也相信企业的成功绝不会变成个别人的盛宴，而是真正的实现和每一位员工的共赢，这是我们这群电影科技人的情怀，也是我们这群民族科技人的理想。展望未来，我相信“辰星人”一定会继续为中国电影技术发展不断创造惊喜，迎接真正的辉煌。

陶秀梅：

三个五年计划实现实业报国

企业家小传

陶秀梅，河北人。2014 年创办北京诺康达医药科技有限公司和北京壹诺药业有限公司，兼职北京理工大学和北京石油化工学院教授。2016 年被评为国家科技部创新创业领军人才、“亦麒麟”人才，2017 年评为国家万人计划人才。2004 年、2008 年分别获得沈阳药科大学药剂学硕士，上海交通大学药理学博士学位，并在 2016 年获得中国国家食品药品监督管理总局和人民大学联合培养的行政管理学博士后。

技术开发区产业人才协会
2018
联欢
BEIJING TOWN

2017. 9. 28
创新医疗器械共性技术创新中心

距离北京诺康达医药科技有限公司搬到北京经济技术开发区壹中心七号楼已经过去了一年半的时间。告别了曾经那一处狭窄逼仄的生产办公空间，诺康达和壹诺药业的掌门人，陶秀梅终于拥有一间通透明亮的办公室和整整三层布局合理的研发实验室。一个个发展决策、一份份实验报告正从这里源源不断的输出，为诺康达按时完成公司的三个五年计划注入强大动力。作为一家专业从事药品、辅料、医疗器械和耗材等医药相关领域研发的创新型公司，诺康达不仅蕴藏着陶秀梅的医药梦，更承载着她实业报国的梦想。

岁月成歌低吟浅唱

2014年陶秀梅曾被媒体称为“不知疲倦的女斗士”，可谁又知道，这个女斗士原是一个率真可爱的大女孩呢？生长于普通的工人家庭的陶秀梅从小就是父母眼中的乖乖女。为了完成“父亲希望自己能在国企中端起铁饭碗”的心愿，陶秀梅毫不犹豫地选择了药剂学专业，开始了与医药的不解之缘。

青春的岁月如同一首婉转旖旎的歌，陶秀梅总是能够唱出独有的韵律，时而高亢、时而低沉，有时轻松欢快有时却心酸忧伤。彼时，陶秀梅已经和爱人迈入了婚姻的殿堂，本该“安分”

的她却有了更高的追求，善解人意的爱人相信陶秀梅的能力，因此当听说她要远赴上海读博的时候尽管不舍却也无条件的给予了支持。只身奔赴上海，在远离家乡的他乡开始了边工作边读博的生活。本来这种生活对于陶秀梅而言充满了乐趣与挑战，然而当她发现自己怀孕的那一刻，浑身的斗志与潇洒瞬间被前所未有的无助所取代。那段时间，每天奔波于公司和学校之间，50 公里的距离对她和腹中的孩子来说都成了一种挑战，但生性坚韧的陶秀梅不曾说过一个难字。春节将近的时候，陶秀梅的导师承接了一个重大实验项目，期间必须有人看守。看着其他同学打起背包、相互道别，选择留下的陶秀梅只是安静地将实验室收拾整齐；看着窗外的夜空被新年的焰火装饰的分外璀璨，陶秀梅只能通过电话与家人互道平安。那一年的春节，只有陶秀梅和腹中的孩子。

十年磨剑梅花自香

有人说走过的路都是风景，那么这风景的一部分必有踏平坎坷变坦途的坚毅，必有守得荆棘生花的执着。孩子的呱呱落地并没有打乱陶秀梅前行的节奏。无论是无法兼顾求学与照顾小儿的左右为难，还是他乡不被信任的酸楚，在经过了时间的打磨后都成为了陶秀梅的勋章，就如同她脸上的那一道会随着笑容而欢动的疤痕一样，既记录着她因为高强度工作而晕倒时的艰辛，也见证了未来陶氏王国领军人物的不屈不挠。

经常跟陶秀梅聊天的人都知道，除了诺康达和壹诺药业两个公司之外，她最常挂在嘴边的就是她的老东家。那里珍藏着她五年的青春，更是她学有所成后大展拳脚的舞台。敢打敢拼了五年之后，陶秀梅认为自己在这里已经做到了问心无愧。当业内很多知名公司得到陶秀梅即将离开的时候，便纷纷抛来了橄榄枝。对此，陶秀梅感谢却只能婉拒，相较于继续加入某家公司，陶秀梅更倾向于缔造自己的王国。因为在陶秀梅心中，实业报国始终是她的梦想。通过 10 余年在医药研发领域的历练，加之拥有曾在国家食品药品监督管理局做博士后的经历，让陶秀梅对国家及整体行业都比较了解，她深知我国在这个领域存在的问题和不足以及与国际的差距。所以，虽然当时她的房贷还没有还清、孩子尚且年幼、创业资金又非常紧张，却也毅然决然的选择了自主创业，将“创新药物注册管理体系研究”这一道博士后课题延伸到了创业路上。

2014 年 6 月，陶秀梅的两家公司诺康达医药和壹诺药业先后成立，分别坐落于北京经济技术开发区和大兴区。前者致力于打造我国第一家集药品、辅料、医疗器械、耗材及相关领域的医药领域研发超市与医药及相关领域的企业私人定制平台。后者作为诺康达的全资子公司，定位为建立国际化标准认证的创新制剂、医用营养的产业化及国际贸易、OEM代工基地。有了自己的公司，身份也随之改变，此前操心的事，今后依旧要操心；此前没有担心过的问题，今后要开始投入更多的关注。而对于陶秀梅而言，首先要面对的就是招贤纳士的问题。

招贤纳士网罗人才

对于一家公司来讲，人才既是发展的根基也是市场竞争的核心力量，所以，招人难、招聘人才更难就成了很多企业发展的痛点，对于初创期的诺康达来说，更是如此。

在老东家的时候，陶秀梅已经一手带起了一支成熟的团队，但是离开在老东家的时候，她没有带走一个成员，虽然这期间也曾有人表达过希望跟陶秀梅继续学习工作的意愿。但在陶秀梅看来，挖老东家墙脚的这种行为是让人不齿的。可是，去哪里找人呢？此时的陶秀梅心急如焚。原来在诺康达开业的第二天，陶秀梅就凭借技术高、能力强、为人正和人缘好接到了一个4000万元的大单。看着围在自己周围的十余个员工，陶秀梅焦急万分。周围的人常说，陶秀梅是个闪光体，所以总能通过自己的勤奋努力和乐观豁达吸引到幸运之神的眷顾，无论是在学海之中还是在工作的路上。陶秀梅一筹莫展之际。此时，被她称为“贵人”的赵老师及时出现了。

其实，与其说赵老师是陶秀梅的贵人，倒不如称这二人是忘年之交更为合适。初次见面时，一位是年过花甲的知名前辈，一位是正值而立之年的创业精英，她们却一见如故。当陶秀梅就人才问题吐露心声的时候，了解了陶秀梅不肯从老东家带走一个团队成员却又在短时间内很难组织到成熟团队的困扰后，赵老师在表示了赞赏后马上给出了提示——据说，原团队已有人离开，可以将这些人请到诺康达，如此一来不仅解决了自己公司的人员问题，而且也并非从老东家挖人。陶秀梅拍掌称赞，马不停蹄地开始了联络。让陶秀梅感动的是，被联系到的人尽管心存疑虑依然在第一时间就答应了她的邀请，短短一周内她就基本完成了团队的初步构建。在团队建设的过程中，陶秀梅一方面要推进业务的发展，一方面要对公司的建设有正确的预判，因此难免忽视对人的管理，这期间赵老师也提出了十分中肯的意见，并协助陶秀梅调整团队的构成。从最初的十余个人，发展到后来的四十余人，直到今天的二百余人，员工的队伍不断扩大，陶秀梅却没有停止招贤纳士的脚步，每年年底对她来说都是非常为难的时候，为了保证团队的高质量发展，保证团队可以不断地吸纳优秀人才，诺康达会在年终时根据员工的考核成绩实行末尾淘汰制。那些考核不达标的员工虽然会带着遗憾离开诺康达，但陶秀却梅依然会在生活上给予他们关心。优待离开公司的人，对继续与自己一同打拼的人，她更不会吝啬。每年年底，在留够了公司来年用于研发和运营的费用后，陶秀梅会把其他盈余全部发放给大家。在陶秀梅看来，自己的员工都是最可爱的，他们为了公司的共同目标可以不计辛苦。为了感谢员工的一路相伴，陶秀梅愿意给大家更好的待遇与环境，而人员稳定了，公司才能走得更好。值得一提的是，陶秀梅在英国女王大学和沈阳药科大学均设立了学生奖学金，鼓励青年学子努力学习，敢于创造创新，为社会培养了一批又一批栋梁之才。

不惧尝试回馈社会

2016 年对于诺康达来说是顺风顺水的一年，这一年他们完成了技术与人才的双重储备，而这种顺风顺水则是陶秀梅和诺康达顶着巨大压力冒险得来的。此前在国家仿制药一致性评价政策及指导原则还没有出台的情况下，他们大胆的进行了大量的一致性评价工作，这承载着合作企业的寄托、行业的质疑和团队的期望，对于诺康达来讲是一种巨大的冒险，对陶秀梅来说是她人生中压力最大的一次尝试。而这项工作，他们一做就是三年。为了能将我国仿制药的一致性做好，在这三年的时间里，陶秀梅翻译和学习了大量的日文、英文关于仿制药一致性评价的著作。终于，守得云开见月明。2016 年，随着行业仿制药一致性评价变化的发生，诺康达业绩呈现出了跨越式的增长，大量订单纷沓而至，仅这一年的合同额高达 1.8 个亿，并且在年底的时候，公司顺利完成了B轮融资，总融资额达1.6个亿，公司估值高达11.6个亿，而且这一年他们一鼓作气拿下了十余个药品批准文号，这在行业内是绝无仅有的。行业认可度及客户信任度的大幅提升让陶秀梅和诺康达的精神面貌发生了翻天覆地地变化。由此可见，陶秀梅的这种尝试是成功的。

为了保证研发的安全顺利进行以及为员工提供更为优质的办公环境，陶秀梅在完成了这几件大事后开始寻找更为理想的办公空间。这期间北京经济技术开发区的职能局给予了诺康达一定的帮助。在有了提升办公环境的想法后，急性子的陶秀梅就开始对开发区的几处园区进行比对分析。为了一步到位、避免以后再次发生对办公环境不满意的情况，陶秀梅为心中的“新家”列出了堪称苛刻的条件，其中包括对层高、周边环境、配套设施等等的要求，只要有一项不达标就会被拉进“黑名单”。也正是因为这份谨慎使得陶秀梅迟迟没有为公司寻得理想的场所。说来也巧，有一次开发区科技局的相关负责人在考察中了解了陶秀梅的苦恼后，竟然在最短的时间内进行协调，帮助诺康达与北京经济技术投资开发总公司实现了对接，快速购买到了经开壹中心的办公场地，解决了诺康达快速发展的场地限制问题。

一名合格的企业家无疑是心系社会的。当陶秀梅一举买下整栋七号楼的时候，她首先想到的就是通过严格的装修布局实现区域的环保，并且保证员工的健康。为此，她不惜高成本定制了研发和操作系统。而在当选了大兴区人大代表后，陶秀梅更是拓宽了反馈社会的渠道。她先后提出了加强开发区医药行业公共服务平台的建设、开发区体育中心的建设以及增加创新型企业政策鼓励的三条建议，将目光主要聚焦在了行业发展、创新驱动以及文化、医疗及教育等领域。不遗余力的呼吁，只为希望开发区可以向创新创业的人群提供更为便捷的服务和宽松的创业氛围，吸引越来越多的创业者和创业项目落地开发区，为这块热土的创新发展提供动力和支持。

五年计划明确前路

对于陶秀梅来说，每五年就是一个转折期，而她也将这种节奏感带进了诺康达的建设和发展中，并为此制定了详细的三个五年计划，以保证每一步都踩在点上。在陶秀梅的家中，整齐地码放着若干个小本子，上面记录着她的灵光乍现和深思熟虑，稍加整理便是一副计划图。

建于2014年的诺康达，从诞生的那一刻起就开始创造着奇迹，从开业伊始的千万元大单，到两年后乘着行业东风所向披靡，截止到今年，诺康达已经成功研发了150余个一致性评价项目，目前大部分已经完成和申报，同时为了一致性评价储备了60余个仿制药项目。发展的速度显然已经超出了陶秀梅的预期，因此两年前还只想在新三板上市的陶秀梅在大家共同的建议下，开始将目光投向了创业板以及主板，并已经基本完成了资料整合，在2019年完成公司上市的计划指日可待。陶秀梅将诺康达的第二个五年计划制定为“完成从服务到实物研发的转变，实现科技和应用的结合，打造智能化生产王国”。为了能够顺利完成计划，陶秀梅早已开始布局，不惜重金就是要打造一条“即使孙子那一辈人使用都不过时的生产线”。现在诺康达的生产线已初步实现了智能化，第一个五年计划的最后一年，也就是2019年，诺康达和壹诺药业的智能化设备会全部上线、FDA认证全部结束。在第二个五年中，诺康达将至少生产100个仿制药，其中的50个将完全填补国内空白，此外，12个新药、10个器械、20个特殊医学用途食品的研发也将会有序进行，据陶秀梅估计，届时公司的市值将会达到500亿-1000亿。

陶秀梅的眼界很高。她将十年后的发展方向锁定在了为打造健康中国，实现人类生活、幸福指数提高贡献力量这一点。而且执着的陶秀梅从来不轻易更换方向，既是别人都持否定意见，她也会坚定向前，而这绝非固执。因为每一步计划中都凝结着陶秀梅的过往经验以及对事物的分析。在公司发展未到五年之际便对十五年的发展进行了规划，就是因为陶秀梅希望在自己五十岁的时候可以毫无后顾之忧的“解甲归田”，享受含饴弄孙之乐。

企业家感言

做喜欢的事就不辛苦。公司要生存下去的时候，我们需要时刻保持旺盛的精力和斗志；当公司发展到一定规模的时候，战斗的初衷和动力将随之发生变化。我不排斥别人称我为“女斗士”，现在我对于女斗士的理解更倾向于持续的创新和发展，创业不停，战斗不止。坚信“产业报国，实业兴邦”的理念，更希望我们能为医药行业的发展带来一些改变，将诚信的理念深入到医药行业的每一个细节，真正为人类健康发展做出应有的努力和贡献。

俞宗强：

六零后创业扛起“半导体”大旗

企业家小传

俞宗强，1961 年出生，1990 年 5 月在哈尔滨工业大学获得机械工程学博士学位。曾在北京航空航天大学从事博士后研究。1992 年 4 月到 1992 年 12 月，于北京航空航天大学担任副教授并被评为北京市高等学校优秀骨干青年教师。2017 年全职加盟东方晶源微电子科技（北京）有限公司。从事光刻技术以及极大规模集成电路检测设备的研发及产业化工作。

俞宗强的办公室并不大，里面只摆放着书柜、办公桌以及沙发等必需的办公家具，一尊被摆放得恰到好处的“亦麒麟”奖杯在这过于简单的办公环境中显得格外突出。

“亦麒麟”既体现了求贤若渴的北京经济技术开发区对这位六零后创业者的肯定，也是俞宗强在创业路上勇扛半导体产业大旗的见证。

自从把公司从海淀迁址到了这片国家级开发区的土地上，俞宗强就更加坚定了“引领中国半导体检测设备的发展，为集成电路制造提供品质保障”的信念，他希望在自己带领下的东方晶源微电子科技（北京）有限公司能够及时顺应国家发展集成电路产业的迫切需求，响应国家促进集成电路产业发展的雄伟规划和扶持政策,在短时间内成为半导体行业中全球知名的高科技公司。

异国历练　掌握半导体核心技术

见过俞宗强的人，都觉得他不像个创业者、企业家。一双藏在黑框眼镜后面的眸子闪烁着智慧的光芒，不疾不徐的谈吐、从容淡定的举止仿佛都为了给他贴上明显的标签——这样的人应该是位学者。俞宗强还就真拥有过躬耕三尺讲台的经历。

16 年前的俞宗强，曾在北京航空航天大学担任副教授，并被评为了北京市高等学校优秀骨干青年教师。虽然职教时间不长，但这段安静的校园时光却成了他美好回忆的一部分。1992 年年底，刚过而立之年的俞宗强带着满腔热情和孜孜不倦的求索精神，离开了校园，走向社会。离开三尺讲台之后，俞宗强以科研者的身份开始了二十多年在集成电路领域工作奋斗的经历。凭借着此前扎实的业务基础和极强领悟能力他先后在几家公司带领团队研究项目开发，广泛地涉猎光刻技术、IC 量产精密检测装备和电子束检测等技术领域，储备了丰富的产品开发和项目管理经验，在工作过程中俞宗强没有停止学习与研究，申请并获得了 4 项专利授权，发表了论文 11 篇。取得了大量高水平的成果。20 多年的工作经历和成就让俞宗强拥有了强大的力量和足够的信心，逐渐升起了自我创业的念头。

慕名而至　看好国家级开发区

当香港上市公司——中国东方集团的负责人洞察了俞宗强的创业意愿后，二人一拍即合。雄厚的资金实力邂逅强有力的人才基础的那一刻，一个名为东方晶源微电子科技（北京）有限公司的团队诞生了。初期，东方晶源最初的选址并非落户在北京经济技术开发区，而且整个公司只有包括俞宗强在内的十余个人。当东方晶源完成了纳米级检测和制程优化等技术领域的初步技术工作后，公司的团队骨干们一致同意迁址北京经济技术开发区。

在俞宗强此前的印象中，北京经济技术开发区并不在北京的版图内，然而创业的人不会过于在意环境是否舒适，况且这个"偏僻"的地方还有一点相当吸引人，那就是开发区的当家人——梁胜。在半导体芯片领域，梁胜犹如一面旗，以至于俞宗强每每提及都会举起大拇指。因此迁址开发区，也就成了"慕名而来"。为了迎接这个高科技企业"进庄"，开发区的职能部门还为他们协调了场地。尽管如此，当时经海四路的交通情况依然无法满足俞宗强的需求，他们希望能招纳到具有长期工作经验的核心技术人员和本土人才，但很多人却会因为东方晶源的地理位置稍偏望而却步。为此还闹过出过一个笑话。

当时的东方晶源刚刚庆祝完乔迁之喜。俞宗强在焦急地等待中终于"盼"来了一个面试的姑娘。在经过一番交流后，女孩决定留下来，与东方晶源一起成长。相互熟悉后，女孩告诉了俞宗强一个秘密。原来，面试那天当她看到了东方晶源四面的毛坯房没有半点装修的时候，便给朋友打了电话表示，如果半个小时后自己没有再次与他通话就去"报警"。当然，事情本身存在戏谑的成分，女孩如今也成了公司的元老。接下来的日子里，俞宗强利用自己建立的广泛人脉，陆续引进了一批高端人才，快速提升了团队的水平。为了稳住人心，不善言辞的俞宗强只能用行动告诉员工们没有入错行、没有跟错人。在他看来，这些比自己整整小了一辈儿的年轻人们正在朝气蓬勃的打造着朝阳产业中的朝阳产品，前途自不可限量。当团队架构搭建成功后，他便利用自己长期积累的先进技术及管理经验，大力培养人才，希望能够带领团队贡献于我国光刻技术及产品的长期可持续发展。

目前，俞宗强正以国家 02 专项“国产浸没光刻机计算光刻系统的研制”课题为依托，在东方晶源微电子科技（北京）有限公司现有的人才队伍的基础上，广泛地聚集海内外专业人才，在较短的时间内就组织了一支具有 IC 光刻机、支撑优化和装备研发的攻关能力、自主创新能力，国际化、专业化、高水平的研发和管理团队。这个团队的阵容堪称豪华，包括了多位半导体行业的优秀技术专家、人才以及在高端光刻机与检测设备领域具有丰富经验的科研人员。截止目前，研发团队拥有的专业研发人员近 40 人，其中 91% 的成员拥有硕士及以上学历，博士学位占比 53%，团队平均年龄 36 岁，优秀的团队基础为俞宗强展开国产浸没光刻机计算光刻系统的研制提供了有力的人才保障。

强势起航　快步迈进“国家队”

俞宗强浸淫半导体产业前前后后二十余年，见证了太多的从无到有，经历了太多的不可能到可能。最初的时候，他认为只要人的问题解决了，一切问题就都不再是问题。但是，现实却给了他当头一棒。

为了建造达标的无尘室，俞宗强斥千万巨资请来了名声在外的一家公司操作，但是当到了交付的约定时间、俞宗强上门验收的时候却被眼前的一幕惊呆了——凹凸不平的地面仿佛一张狰狞的脸向俞宗强发起了挑战，好脾气的他当场暴跳如雷。整整1000万啊，这里面有投资人的信任、有合作伙伴的希望，还有团队对明天的期盼，就换来了这么一间不达标甚至不像样的"无尘室"，白字黑字约定的标准岂可等同于儿戏。那一刻，俞宗强开始怀疑自己创业的选择是否真的正确。

但俞宗强并没有因此而退却，他那个年代的人，在幼年及青年时期经历了现在年轻人无法想象的艰难，所以更容易在没有希望的时候自己寻找出路。在俞宗强的强烈要求下，承包商对无尘室重新进行了装修，最终顺利达标。站在无尘室里，俞宗强对不久前的怀疑报之一笑，该继续的还要继续。

20 多年来在 ASML、KLA-Tencor 等国际知名半导体公司产品研发和项目的工作让俞宗强积累了丰富的管理经验，技术研究、

产品开发、客户推广和管理等多方面的工作积累，他得以在计算光刻、光刻机优化、精密检测和市场应用等领域积累丰富的经验和知名的国际影响力，而在多文化的环境下建立的广泛的人才和客户关系网络，也在公司引进人才以及培养本土化的年轻研发团队的过程中，起到了不可替代的作用，成为了东方晶源的发展的重要推力。作为总经理，他对 IC 制造业的国际市场及运作模式相当熟悉，这便让东方晶源在制定、实施总体战略方面拥有了国际化的优势。

当前，俞宗强正在国家 02 专项“国产浸没光刻机计算光刻系统的研制”课题支持下，依托东方晶源微电子科技（北京）有限公司现有基础和团队，建立了一个开放的、具有国际一流水准的国产 IC 光刻机及计算光刻的研发平台，全面提升我国极大规模集成电路研发和制造水平。此举意味着，东方晶源已经正式迈进了“国家队”。为此，俞宗强和他的团队不惜夙兴夜寐。而每

每想到曾在异国他乡打拼的日子，俞宗强都充满了感激，感激自己的不放弃，感激家人的无条件支持，感激投资人和团队的信任与追随。

犹有豪情似旧时。今年已经58岁的俞宗强，有着与年轻人一般无二的雄心壮志。作为公司中不可或缺的领军者以及我国集成电路产业发展需求的复合型高端人才，俞宗强每天都在思考如何加速东方晶源在团队、技术及基础等方面的发展，如何在集成光刻、精密检测等先进技术方面申请承担更多新的国家攻关任务。目前，俞宗强最大的希望就是能够利用他与国际主流IC企业长期的合作关系，以及对国外最新的客户需求的了解，为技术和产品创新提出建议、提供指导；能够一鼓作气取得更多基础性的核心技术专利及制造工艺，打破国外垄断，提高我国在极大规模集成电路光刻技术及装备领域的地位与话语权。同时不断开拓

产学研合作的范式，联合国内高校与研究机构联合攻关，创新发展，为我国制程优化和纳米级检测设备的发展培养出更多优秀的人才。

企业家感言

回首四年来创业的历程，仿佛是在不停地攀登，没有周末、没有节假日，没有春节也没有圣诞节，每一步前进都充满着艰辛和危险，但是同时也享受到每一个成功的喜悦。毫无疑问这段创业的历程将会成为我终身难忘的经历。

我们取得的每一个成绩都离不开北京经济技术开发区，开发区领导和投资者的支持以及团队的努力和汗水。尽管未来的路还很长，但是我相信谋事在人，人的潜力无限，只要尽力，就一定能成功。

我非常荣幸被选为“亦麒麟”人才，这对我来说是一种很高的荣誉。在这里也谢谢开发区海外人才给我的鼓励和支持。我一定继续努力，争取更大的成绩。谢谢

赵斌：
从普通工人到首席技师

企业家小传

赵斌，男，1977 年出生，中共党员，汉族。北京汽车集团、北京奔驰汽车有限公司发动机装调工首席技师。1996 年入职原北京吉普汽车有限公司，2002 年取得汽车修理高级工证书；2005 年加入北京奔驰汽车有限公司团队，2006 年 8 月，获得发动机装调工高级证书；2010 年荣获第十四届北京市工业职业技能竞赛初赛第一名，取得了技师资格证书。2011 年获第二届北京市职工职业技能大赛发动机装调组的决赛第二名，取得了高级技师资格证书。

2016
Acc.500,000

他掌握了E-Class、C-Class和GLK三大级别8种系列发动机的构造和工作原理，能对故障给出准确的质量分析，同时通过娴熟的返修技术排除故障，技能超群。

他的发动机装配、试验、返修等技术、技能那都称得上数一数二，车间生产中、返修中、试验中，无论遇到什么问题，只要把他找来，一伸手，问题立刻迎刃而解。他总结归纳的以他名字命名的“赵斌返修法”，大幅提升返修工人的工作效率。

他就是北京奔驰发动机公司首席技师——赵斌。

青涩成长窥门径

1996年，赵斌中专毕业后，带着他的理想与热情入职了原北京吉普汽车有限公司。一入职就遇到了当头一棒，他上学时所学的专业是机械制造，对汽车可以说是一窍不通，入职后赵斌被分配到发动机分厂装调工段热试班，这对一个刚刚迈出校门的小伙子来说真是一个不小的挑战。因为专业不对口，家人都建议他换工作，但是天生不服输的赵斌，依然决然的选择了留在发动机厂，也正是由于这个决定，使他与发动机结下了不解之缘。

刚到班组时周围的一切对他来说都是陌生和新奇的，他迅速调整心态，带着“干一行、爱一行、学一行、精一行”的信念开始了自己的职业生涯。在随之而来的工作中，工作细致、为人正直、热心助人的优良品质，让周围的师傅和同志们逐渐的认识了一个“不一样”小伙子。在班组里，赵斌先跟着师傅们学习发动机外围零部件的装配知识与技巧，没过多久，善于思考勤奋钻研的他就开始在工作中崭露头角，在得到领导与师傅的认可后赵斌被安排到发动机热试台架工作，这一干就是10多年。这十年里，赵斌积累了大量的发动机试验、返修的经验、技能，乃至到后来他的技术达到了顶峰，也离不开这十年的积累。

赵斌对于学习知识和钻研技术，更多的是出于对于发动机的兴趣和爱好，年轻的他早已经被这复杂、难懂的“汽车心脏”所吸引了，他的内心深处已经暗暗下定决心，既然干一行就要爱一行，既然做了一名发动机人，就要干出名堂。虽然只有中专学历，但是赵斌利用业余时间翻阅了大量有关发动机原理及构造的书籍来丰富自己的理论知识，通过消化吸收很快就在实际工作中应用。他比别人更多的钻研技术书籍，不断的积累知识和技能，

休息时间跑图书馆、看书成了他雷打不动的习惯。无论他走到哪里，身边总会带着一本专业学习的书籍。渐渐地，这个毛头小伙已经成长为发动机生产试验、维修的主角，最年轻的返修师傅。

在奔驰的华丽转身

宝剑锋从磨砺出，梅花香自苦寒来。2005 年，北京奔驰汽车有限公司成立。赵斌加入了 BBAC 的团队。

每天别人都休息了，赵斌还在忙着整理培训材料，复习当天的培训内容，预习培训计划内第二天的内容。为保证转训材料的准确性，他不是单纯的模仿式学习，勤动手的同时也勤思勤问，做到“知其然，也知其所以然”，深入的把知识学懂、学精。

在工作中，他突出的技能表现得淋漓尽致。一次，热试间准备测试一台发动机，但是经过多次启动一直打不着火，经过热试人员的多次检查没有发现故障原因。万般无奈之下，热试员工准备从测试台上将发动机拆卸下来，推回返修间进行拆检，分析故障原因。正巧赵斌路过热试间，发现了同事正在拆卸测试台上发动机的工装，便上前询问缘由。得知此情况后，他先听取了大家对于故障现象的描述；随后对各种水、电、油、气等管路，以及外观零部件进行了检查；最后，在经过他一番检查后，发现飞轮盘上面有一个毛刺，他将毛刺用工具剃掉以后，让测试人员再次启动发动机，这时只听到发动机清脆的启动声音之后，发动机正常的旋转起来。测试人员们立即向赵斌投来赞赏的眼光，“真不愧为我们的赵师傅呀”！

还有一次，总装车间路试人员在测试一台成品车时，发现变速箱部位有异响，工人师傅们经过了反复检查都没能排除故障，响声依旧。他们把这辆车交到质量部进行检查，经过质量部工作人员好几天的分析，也分析不出原因，最终准备要求总装车间将变速箱拆下，更换新的变速箱。赵斌知道此事之后，他要求先不要拆卸变速箱，并且主动前去检查车辆变速箱的情况。检查中，他仔细听了异响的声音，并且对于发动机及变速箱以及连接处进行了彻底的检查，当他检查到变速箱侧面的液力耦合器螺栓堵盖时，明显的感觉到声音由此而出，他将堵盖慢慢旋转了十度左右，这时奇迹发生了，异响消失了。原来这次的故障是由于堵盖内侧的齿牙与飞轮盘有轻微接触，造成的异响。就是赵斌这样轻轻的一转，解决了困扰大家好几天的难题，同事们对他刮目相看。

“第一次”造就的“秘籍”

在发动机工厂工作的员工中间流传着一本“秘籍”，这里面既有对发动机安装维修理论的介绍，也有故障排除的步骤和方法。这本“秘籍”的创始人正是赵斌。“秘籍”的内容全部来自生产线上一个又一个的“第一次”。

2006年，那时北京奔驰发动机生产线上的员工们大部分都是从吉普转入奔驰的，对这个新的品牌发动机都很陌生。这时一辆车的发动机在运转过程中发出很大的异响，经工程师检修后决定把发动机搭下做拆检分析。可是由于刚刚开始正式生产，搭发动机的活大家都没有干过，这是第一次。轿车与吉普车的发动机在机舱内的布置结构有很大区别，没有什么经验可借鉴，赵斌通过仔细观察与思考，与总装的同事分析研究很快制定出了一套方案，在实际操作过程中不断对方案进行改进，最终总结出了一套切实可行的工作方法，为以后解决同样问题积累了经验。而这第一次的成功，使大家建立起信心，虽然是高端品牌，但依然能够依靠自己的努力去解决问题，为后续整车拆卸发动机返修工作的顺利进行，起到了引领和推动作用。

赵斌还对废弃的零件进行解剖分析，搞清它们的工作原理，并与发动机的工作原理相结合，建立了一套理论性较强的培训内容。到目前为止，经过他带领的返修团队返修的发动机达到了700余台次，返修FTC值100%。

有一次，总装反馈E200K发动机怠速工况进气流量低，空燃比低，怠速负载高。赵斌通过分析及耐心细致的逐项进行检查，发现中冷后进气管与节流阀体连接管插接存在问题，进气管连接用“○”型密封圈挤压断裂，致使有进气泄漏现象。查明问题后，他及时排除故障，还协助总装人员对发动机进行了恢复。在发动机返修工作中赵斌创造了很多个“第一次”，如在整车上更换机械增压泵、更换排气歧管、在整车上更换6缸发动机的进气总成等等。就是从那时候开始，他在工作中积累了实际操作经验的同时，细心的他非常注意保留第一手资料，养成了每天记录返修工作笔记的习惯，至今已经积累了厚厚的两大本，这两本笔记也成了车间返修工作的一份“秘籍”。

在 2007 年初，总装重修来了几名外国专家交流工作。在一次检修中，有一辆 E280 发动机三缸喷油嘴不工作，外国专家认为是喷油嘴故障要求更换。可是赵斌经过现场检查认为认为应该是电路上有故障。但外国专家不认同赵斌的观点并表示，已经用万用表检查过线路了是没有问题的。赵斌按照外专的要求更换了喷油嘴，但是故障依然存在。这时，外国专家也不再坚持自己的观点了，重新拿起了万用表，与赵斌一起分析检查电路故障，终于发现在 ECU 与三缸喷油嘴线束连接的插孔内有一很小的塑料渣，判定这就是导致故障的原因所在。由于塑料渣位置比较深在用万用表测量时表针比 ECU 的插针粗，表针插不到那么深所以检测不出问题，在查到问题的原因后与赵斌相视会心一笑，彼此都伸出了大拇指。

随着发动机质量的逐步稳定及班组人员业务水平的稳步提高，赵斌的工作重心开始从发动机冷、热试验，转移到发动机的返修工作上。发动机返修工作对从业人员的装配技能要求非常高，既要对各零部件的安装顺序、原理清清楚楚，又要对紧固螺栓的

尺寸和扭矩明明白白，还要对涂密封胶、装配油封等的特殊性了然于胸，而且必须要保证返修装配的一次合格率和速度。虽然任务艰巨，但是赵斌仍然在很短的时间内就达到了要求。

为了能够尽快掌握发动机返修技术，赵斌不知道拆装了多少遍教学机，然而就是在这样不停的拆装过程中，使他逐渐摸索出一套自己独有的发动机返修方法，并在实际工作中起到了很好的效果。

结合多年经验，2008 年的时候，赵斌编制了返修人员问题点汇总和思路分析汇总，把好的经验、方法形成了书面教材、作业指导书，一直沿用至今。返修过程中，现有的一些工具在返修的过程中或是存在缺陷、或是使用不顺手，造成返修工时过长或零件人为损坏。比如在拆卸活塞的过程中，没有合适的工具，连杆容易损坏缸体内壁，造成缸体报废；还有一些定位销如果用手拆费时费力，还容易划伤工人手指，存在安全隐患。针对这两项返修中的常见问题，赵斌看在眼里，急在心里。每天工作之余都围着发动机进行研究、分析，积极动脑思考。他依靠自己掌握一些钳工、机加工的基础，设计制作出了活塞拆卸工装及链条滑块定位销拆卸工装，在几乎零成本的前提下有效的解决了缸体报废的风险。不仅如此，从人工成本上计算，自制工具提高了返修工作效率，每台返修车可节约工时 10 分钟，约 17 元人民币（每台车返修成本为 100 元 / 小时 / 人）；每月返修任务中大约有 30 台发动机需要使用以上两种工装，每月至少可节约成本 510 元人民币。

赵斌还有一个广为人知的“毛病”，就是“闲不住”，大家都休息的时候，总是找不到他。细心的同事发现每次大家休息的时候，他都一个人在返修区里忙得汗流浃背。没几天，返修培训区就多了几个解剖教具，再过几天，返修教具又有更新。原来有心、勤奋的赵斌在休息时间对废弃的零件进行解剖分析，利用自己的知识弄清楚它们的工作原理，并与整车的工作原理相结合，建立了一套理论性强并易于理解的教具和课程。

在返修区域赵斌还制作了涂胶工装及所有发动机的涂胶位置和拧紧顺序图，对返修后组装发动机具有指导作用。教学机在他手里也把作用发挥到了极致，通过教学模拟各种故障，在发动机机油、水道试漏故障的分析上赵斌总结出了一套自己的办法，他对整个发动机的结构十分清楚，知道哪里是属于油路与外界的结合面，哪些是水道与外界的结合面，由于发动机表面有很多边角和凹凸面在用泡沫水检查时不容易喷到查找不到泄露点，赵斌就用一根胶管仔细地去查找哪里有漏气的声音。任何大家解决不了的返修问题，他一上手问题必定迎刃而解，就是在这个时候“赵一手”这个绰号开始不胫而走，广为流传。

排除万难助推新车量产

2008 年开始，公司有了新的车型——C 级车，新车型的投产，需要进行员工的培训工作，尤其是试验和返修方面，因为缺少试验所需要的数据，冷、热试操作中都存在一些困难。又到了赵斌出马的时候。赵斌积极与工程师沟通，每天下班后继续用教学机模拟各种工况、故障，得到了大量的一手数据，持续一个多月的工作，掌握的足够多的数据后，保证了故障发现的准确性，确保产品质量，同时降低了员工的操作难度，缩短培训的时间，最终形成的热试笔记和协助工程师完成的冷试手册，对 C 级车的顺利投产起到了关键性的作用。

2009 年，为了拓宽市场份额，提高品牌竞争力。北京奔驰决定量产搭载 M271EVO 发动机的 C 级轿车，并于当年的 8 月 28 日在生产线上进行了整车试装。

对驾驶者而言，这台发动机提升了驾驶乐趣，可是对于发动机车间的工人来说人员却又是一个难题。为更好的完成试装工作,车间安排赵斌组建试装小组,现场组织协调,并抽调出工程师、技术人员、过程记录保障人员等，组建成EVO发动机试装小组，专门在车间的返修间内安排一块区域进行试装。工作中，赵斌与各部门相互配合，并认真听取外方专家的指导，从备料找件，到安装每一个零部件，从一根线束的走向，到一条螺栓的扭矩，都是一丝不苟，严格按照工艺和作业指导书要求完成，每一步序都得到外国专家的确认再进入下一步序。一旦发现的可改进方案时，赵斌第一时间与外专讨论，把自己的经验应用到试装中，得到了外方专家的一致认可。同时，他还把每一项操作步骤、每一点不同之处、每一个重点部位，他都以图片和文字的形式记录下来，作为培训资料，为下次试装以及今后的量产提前做好准备。

2010年，新款长轴距E级车上市和C级车C180车型的正式生产，这对北京奔驰而言是发展的大好时机，但伴随着机会一起来的还有挑战——产量要比以前大大提高，从单班45台提高到单班75台。随着产能的提高，车间从最初的200多人，变成了340多人，需要进行大量的生产技术培训。赵斌利用了全部休息时间，编制培训课件，把工艺文件进一步细化、分解，使之更加易于掌握，缩短新员工的培训时间，提高培训质量，短短几个月时间，他协助车间完成了100多名新员工的技能培训工作。通过高效的培训，确保了在产量增长了67%、人员增加一半的情况下，车间的质量并没有因此出现波动。

2010年，奔驰发动机四缸CGI生产线新线正时落成，这是车间的第一条发动机自动化的生产线。为尽快完成新生产线的前期准备工作，车间领导高度重视，安排赵斌协助车间工程师来共同完成此项目，并抽调经验丰富的班长和技术能力过硬的员工，组成培训团队，协助制造工程等相关部门完成设备调试工作，同时也对于员工进行实操培训，为今后新线正式投产奠定基础。新线的员工都是已经熟悉了手动生产的老员工，为此赵斌逐个工位核对设备生产与手动生产的不同点，一张一张的拍摄照片，从各个角度寻找操作技巧，使员工对新设备能够快速的适应。在每一天、每一个工位、每一个操作步骤的培训中，他都配合外国专家带着新员工一步一步的教，认真记录比较，发现问题及时提出反馈，以便更好的掌握操作技能，完善工艺，为今后的工作打下良好的基础。同时，配合车间工程师，及制造工程部、现场安装调试设备人员等，找出生产环线在操作中及现场设备存在的问题，使之得以尽快解决。

首席技师带出“技师团队”

赵斌不但本人的技术过硬，带出来的徒弟也个个是好样的！现如今，他已经成为了名副其实的金牌师傅。在对于徒弟的传帮带过程中，赵斌没有原来老师傅那种“留一手”的心态，从不吝啬自己的业务知识与专业技能的传授，无论领导安排谁来找他学习，他都一丝不苟、认真负责的传授。

随着公司的发展以及车间的需求，赵斌同时担负着培训蓝领和白领员工的工作。为了更好的完成培训工作，他利用业余时间，凭借自己的经验与知识，制作出了 30 余个，累计 1200 多页的 PPT 课件，内容丰富、全面，包含两千余幅图片，涵盖了发动机原理与故障排除、工具使用效验等等内容。这些材料能够生动、形象地帮助员工理解。在讲解课件中，赵斌把将专业的术语转化为通俗易懂的语言，便于学员们理解和掌握。其中，在针对发动机项目白领员工的培训，对于他是一个很大的挑战，因为这些员工大部分都是海外归来、学历层次较高，而且大多是学习机械和发动机专业的高材生，为了更好的为他们培训，赵斌付出了更多的艰辛，对于他们有针对性的进行培训，课程内容受到了白领们的好评。在培训过程中，性格内向的赵斌也逐渐变得开朗，个人的工作魅力也得到了提升。

技术技能不断提高的同时，赵斌也意识到了自己文化知识方面的欠缺，主动报考了汽车检测与维修专业的大专，继续提升自己的文化知识水平，以适应企业的发展。2013 年 6 月，北京市发动机装调工职业技能竞赛隆重开幕。从组织报名开始，赵斌就认真准备培训课件和经验分享，对大赛的情况进行分析，组织徒弟们进行学习与培训。从 2013 年到 2016 年，赵斌亲自带出的徒弟有 20 人，参加技能大赛获得北京市第一名 2 人次，第二名 1 人次，第三名 3 人次；培养出高级技师 6 名，技师 14 名。这些徒弟已经成为北京奔驰发动机工厂的中流砥柱。

“赵师傅真亲切”“赵师傅真较真”，这是徒弟们经常给予他的评价。对那些工作时间短、技能基础比较差的员工，赵斌不厌其烦地把每一个知识点、技能操作点，掰开揉碎地反复教、反复练，直到学会掌握为止。他像老大哥一样从工作到生活处处关心，让年轻徒弟们总有一种面对家人的亲切感。而在向徒弟传授技能时，他严格认真，绝不能有半点马虎。有一次他在生产线上看到一个徒弟拆下缸盖，将胶清理完放在一边，想继续下面的工作。赵斌立刻制止，要求他必须先将缸盖上面的胶清理干净。当时，徒弟觉得差不多就行了，赵斌便亲自动手把胶清理干净。他语重心长地对徒弟说：“客户是我们的上帝，我们要把这里每台发动机都看做是自己车上发动机，只有这样，我们的工作才能够配的上奔驰品牌，才能造出精品的发动机。”他的言传身教下，他所在的团队形成了高度重视细节、相互学习、奋发进取的工作氛围，极大促进了整个团队的进步与成长。

如今，已经是集团首席技师的赵斌，依然保持着勤奋、严谨的工作作风，他的工作室就在生产线旁边，因为这样可以随时进入车间解决实际问题，也和生产一线离得最近。正如他常说的，没有北京奔驰的发展，就没有我的进步，北京奔驰培养了我，我将用我的技术、知识立足本岗位回报企业，做精业务，培养出更多的技术人才，为北京奔驰成为高端品牌标杆企业而奋斗终身！

企业家感言

很多人认为工匠只是一种机械重复的工作者，但其实工匠他代表着一个时代气质，踏实，坚定，精雕细琢。工匠精神包含着一种坚韧，知难而进的精神。对于达到完美结果的渴望，工匠精神是对细节完美的追求与表达，也是洗尽铅华的沉淀。

随着时代的发展，越来越多的人对品质精益求精。然而，作为北京奔驰生产一线的加工人，在生产中，我们要严格遵守工艺要求，绝不放过一个疑问，绝不忽略每一个错误。在每天的工作中，我们重复着成百上千遍相同的动作，每一件产品和生产步骤都是严格按照工序要求进行操作，严格把控质量关。

我们在工作中要以工匠精神来作为自己的行为准则，无论是对待企业还是对待产品，都要一丝不苟，严于律已。在工作中我们要认真对待每一个零件的装配，对于全车上万个零件，我们要保证零差错。我们要凭着工匠精神，做到只传递产品，不传递缺陷，让工匠精神传承下去并刻印在每位员工心中。工匠精神如同一台不知休止的发动机，它推动着我们，成为我们每个北京奔驰员工锐意进取的重要力量。

郑刚：
“卫蓝之旅”的领路人

企业家小传

郑刚，高级经济师，现任北汽集团党委常委，北京新能源汽车股份有限公司党委书记、总经理，北京市政协委员，中国管理科学学会常务理事、北京汽车工业协会副会长。曾获得多项国家、省部级嘉奖，先后荣获2015年度全国五一劳动奖章、工信部“2016年智能制造领军人物”、北京市“国企楷模·北京榜样”、2015-2016年北京市优秀企业家等荣誉。

财新传媒

2014年，北京新能源汽车股份有限公司（简称北汽新能源）开启了首届"卫蓝先锋行动"，成功实现了新能源汽车对私市场"零"的突破。那一年，被业界称为"新能源汽车元年"。如果说北汽新能源开创了我国整个纯电动汽车行业的新纪元，那么作为北汽新能源的掌舵人，郑刚无疑是这个行业的领路者。

从2013年到2018年，一晃五年的时间过去了，行业的发展正如新能源汽车本身在行驶中的速度一样风驰电掣。从潜行破局到融合加速，再到强势领航，北汽新能源就像播下的一颗种子，生根发芽，茁壮成长，践行着"产业变革者"的历史使命和社会责任，让节能环保的电动汽车实现了从无到有、从少到多、从OK到GOOD，让新能源汽车的发展因为他们的前行画上了浓墨重彩的一笔；郑刚则不停地在荆棘丛生中寻找希望，在行业寒冬时守望黎明，在汽车称雄的年代里一笔一划地书写着属于纯电动车的传奇。在北汽新能源流传着两句话，一句话是说郑刚"眼毒"，总是能够在纷杂烦乱的情况下用最短的时间找到关键的制约因素。另外一句话就是"企业有可能每五年就要重新进行塑造"，于是在今天的这个时候回头看，更是别具意义——北汽新能源的故事节奏感鲜明，郑刚的故事慷慨激昂，他们的故事让更多的同行增强了对纯电动汽车未来成长和发展的信心。

从 1 到 NO.1 背水一战终破局

四个月只销售了一辆汽车是什么心情？相信如今早已能够在新能源汽车行业指点江山的郑刚不仅深有体会，更是绝对难以忘怀的。

2014 年，被北汽新能源称之为自己的破局之年，其艰难可想而知。这一年，他们经历五年的潜心钻研、精心筹备，终于要向新能源汽车对私市场正式进发；这一年，在北汽集团公共关系与行政事务做得风生水起的郑刚披挂上阵，被任命为北汽新能源的党委书记、总经理。这一年，一支早已成功地度过了磨合期的骨干团队整装待发，斗志昂扬地要作崭新篇章的主角。但是，就在众人都认为实现那个“蔚蓝色的梦”指日可待的时候，现实却给了他们清醒而沉痛的一击。从 2014 年 1 月到 2014 年 4 月，北汽新能源的销售记录始终是一个“0”。

那段日子，刚刚走马上任的郑刚来不及“烧出三把火”，却要马不停蹄的去“救火”。虽然，当时的北汽新能源宛若一个新生儿，还没有销量重任在肩，但是行业发展却是瞬息万变，要想占据市场主动权他们就只能率先出击。为了分析销售状况不佳的原因，郑刚彻底扎根在了公司里。各类分析会、工作会从早开到晚，各类报表数字被分析得入木三分。当认为手头所掌握的信息并不足够支撑公司作出新部署的时候，郑刚干脆带着团队直接开赴各地市场，有时每天能够奔波于三四个城市之间，经过调查研究和走访用户，郑刚发现与传统车市场不同，新能源是一个传统汽车市场的失效地带，是制造业与服务业的结合体，需要全新思维和全面创新。为此，他制定了全新的企业战略。第一步就是大幅度调低价格。彼时，经过前期的分析，得出每辆车 13 万余元的售价属于正常价格，但是在那个新能源汽车尚属新鲜事物的年代，这个价格无疑是不能被消费者所接受的，与不被熟识的新能源汽车相比，大家更愿意去选择传统汽车。为此，郑刚在会上提议将单车售价降低到 8 万元。听到这个提议的时候，很多公司元老都觉得不可思议。质疑的声音此起彼伏，财务部门甚至拿出了厚厚的成本核算资料以证明“大多数人”的反对是有理有据的，在他们看来这位一向睿智的总经理怕是打算背水一战了。郑刚还真是这么想的，因此，他力排众议，对于众人投出的反对意见郑刚相信事实会给出最好的解释。那年 5 月，北汽新能源终于实现了零的突破，郑刚甚至亲自走进 4S 店，激动地为购买车辆的李先生送上了钥匙。

随着新能源汽车的降价，郑刚也开始尝试着拓宽了宣传途径。不同于布天盖地的广告，北汽新能源选择了邀请更多的明星代言，通过邀请他们亲试来鼓励更多人消费者加入其中。6 月，北汽新能源面向全国发起了“卫蓝先锋行动”，为用户提供国家和地方补贴之外的第三级购车补贴“卫蓝购车基金”，并聘请濮存昕、春妮、李莉等公众人物作为“卫蓝大使”带动纯电动汽车的普及教育，终于在冰冷的市场上撕开了一道口子。同年7月13日，200名车主正式交车，大家合力摆成了“EV”造型，标志着国内纯电动汽车对私市场销售破冰起航。

这一年，北汽新能源的销量是5510辆，同比增长135%。北汽新能源从上到下备受鼓舞，他们知道这同比的背后不仅有自己的一份付出，更有总经理郑刚的孤注一掷，那份破釜沉舟的勇气背后蕴藏着领路人无限的担当。

步步为营　风物长宜放眼量

2014年的破局成功，为北汽新能源此后的发展扫清了市场障碍。2015年，北汽新能源进入了融合发展的阶段。对于郑刚来说这一年是相对比较轻松的一年，不再有此前销售量的尴尬，也没有同行业竞争的压力，于是在这一年的下半年郑刚和管理团队终于享受上了走进北汽新能源后的第一个星期六。当年轻的研发部部长听到周末不加班的消息时顿觉喜从天降，他还以为在郑刚的日历中根本没有周六日的概念。

其实，一直跟随着郑刚的人们都知道，不仅是郑刚就连他们自己都饰演着体制机制变革先行者的角色。北汽新能源在未成立的时候就被寄予厚望，成立之初又肩负起了“首都蓝天工程、高端制造业转型”“汽车行业弯道超车，参与世界竞争”以及“北汽集团体制与模式创新，引领下一个发展周期”等多个历史任务。因为，成功破局后，郑刚和他的团队开始探索“不破不立”之路。早在2014年，郑刚就在着力打开市场局面的同时，以其独到的眼光，带领北汽新能源打造了国内首个实现了电动汽车分时租赁的"绿狗"品牌，开创了电动汽车租售的新模式。2015 年，他们又几经尝试在首家全球实现了大批量换电出租车的推广运营。如果说前一年郑刚的欣慰在于北汽新能源实现了从一到千的突破，那么后一年郑刚的欣喜则在于实现了从千到万飞跃。2015 年，北汽新能源的销量是 20129 辆，同比增长 269%。由此也奠定了北汽新能源在行业中不可撼动的地位。

郑刚带领着北汽新能源汽车越跑越快。2016 年对于他们来说是喜事连连，不仅销量突破了五万台（52187），同比增长 160%，远高于同行业其他企业；市场占有率高达 20.6%，继续蝉联国内纯电动汽车产销冠军。而且还获得了资本市场的认可，完成了 A 轮融资，员工人数进一步突破，并取得了国内首个纯电动乘用车生产资质，建立了德累斯顿等海外研发中心，完成了青岛基地、常州基地的建设工作……2017 年，北汽新能源一举创造了国内汽车行业领域最大的一笔融资金额，高达到 111.18 亿元。并且，在此次融资中，北汽新能源还迎来了重量级的合作伙伴——戴姆勒。未来，强强联合的他们将在产品、技术、服务、大数据四个方面进行长期的合作，为北汽新能源这个自主汽车工业的主力军注入新的活力。

2017年，北汽新能源公司年销量达到103199辆，实现连续第五年居于中国纯电动汽车行业第一的佳绩，并首次超越特斯拉成为全球纯电动汽车销量冠军。此外，在科睿唯安发布的最新2017年全球创新报告中，北汽首次跻身汽车行业十大创新机构榜单，位列第十，也是国内汽车行业唯一一家。在自动驾驶的权威排名中，北汽和百度的联盟也成为行业最大的黑马，与通用处于第二梯队。北汽新能源公司以高估值性、高成长性入选了2017年全球独角兽企业的榜单，位列第五。因此郑刚已经确定了打造两个世界级的宏伟目标。尽管目前北汽新能源暂时走在了行业的前面，但是郑刚和他的团队并不打算做独行者，他们试图打造一个新能源汽车技术创新最强的平台。

有时，郑刚也会思索，从2014年的5510多台，到2017年突破十万，到底是北汽新能源的成长培育、撑起了行业的从无到有、快速壮大，还是产业环境造就了北汽新能源，尽管这已难辨先后。但郑刚却十分明白，成绩的取得不只有自己自身的努力，更离不开北汽集团的领导和身边同事的支持与配合。但不可否认的事，正所谓风物长宜放眼量，正是因为郑刚没有被眼前暂时的困难限制了眼界，才有了今天北汽新能源"1+3+I+P"产业布局的初见成效。

屹立潮头　直挂云帆济沧海

大多数企业在对待企业竞争的时候，总是思考着如何建立自己的核心竞争能力，进而掌握属于自己的核心资源。事实上在新的时代，商业逻辑已经发生了颠覆性的变化，那就是一个企业所达成的成就不再依赖于今天所掌握的资源和能力，而在于是否能够集成外界和世界的能力。新商业逻辑的竞争从企业技术、产品、点对点的竞争已经上升到了产业链的整合和生态系统能力的竞争，所以封闭式的成长路径必然会被开放式的路径所代替。郑刚对北汽新能源的指挥，无疑证明了他早已“精通此道”。

针对用户的痛点，郑刚联合产业链上下游伙伴，率先实现了从概念设计、研发创新、生产制造、营销推广到租赁服务等全价值链的联盟化布局，至此国内首个由车企主导创建的产业生态圈正式诞生。作为战略转型的推进者，北汽新能源公司具备了极强的资源整合与原始创新的能力。2017 年，郑刚和团队经过前期充分的考察和接触，先后与国内外、行业内外巨头企业如戴姆勒、百度、京东、宁德时代、麦格纳等著名企业达成不同程度和领域的战略合作协议,形成了保障企业未来持续发展的生态联盟。如今，北汽新能源汽车已经远远离开了单一产品经营的范围，开始着力打造“产品 +X”的概念：这个 X，也许是服务，也许是生态，也许是模式，也许是能源管理，也许是移动出行。新能源

汽车，为这一切提供了无限可能。对于郑刚而言，也没有什么是不可能的。

近几年网约车市场异常火爆，但却一度被传统汽车全盘占有。直到局面被北汽新能源打破了。郑刚认为，新能源汽车一直是国内新能源汽车市场与商业模式创新的排头兵，因此推动北汽的新能源汽车率先进入了网约车市场。同年，北汽新能源的商业模式创新再次升级，以自主开发的"轻享"系统，成为软硬件结合、制造与服务整合、出行与解决方案聚合的智慧型制造服务商。此外，在郑刚和团队的规划下，北汽新能源还大力推出了"擎天柱计划"，通过把光伏发电、储能和电动车结合，真正的实现了端到端的零排放，盘活了整个产业链的碳循环价值链，并以"削峰填谷、均衡分布"的方式，进入了能源管理和服务领域。不难看出，这个计划在我国能源整体向清洁化、分布式化转型的今天，潜力巨大。

在北汽新能源，郑刚不仅是总经理，还是党委书记。所以在一手抓业务的时候，他也没有放松党建工作。此前，北汽新能源响应号召、结合自身开启了"卫蓝先锋行动"，随后他们就开始着力打造了"卫蓝之旅、红帆领航"的党建品牌。郑刚将此前的相关经验与党建部门进行共享，在交流中碰撞出了火花。比如加强群团组织建设，发挥群团组织在联系群众的桥梁纽带作用，再如加强基层党支部建设，发挥其战斗堡垒作用以及将党建融入到经营管理工作，将绩效考核与党建考核挂钩等等，这些独具特色的创新型做法真正实现了在党建引领中促进创新，在创新引领中促进党建；融创新于党建之中，融党建于创新之中。如今，北汽新能源的党建体系已经不断完善，取得了丰厚成果，成为了北京市国企党建创新的样本。

企业家感言

不忘初心，方得始终。作为新能源国家队，我们牢记使命，矢志成为建设汽车强国的主力军和排头兵。北汽新能源从成立之日起，就承载着北汽集团抢抓市场机遇、实现变道超车的强企梦。领航者的成长之路，也是变革者的卫蓝之旅。北汽新能源肩负着首都蓝天工程、高端制造业转型；肩负着汽车行业弯道超车，参与世界竞争；肩负着北汽集团体制与模式创新，引领下一个发展周期的历史任务。过去这些年，我们就像播种的一颗种子，承接"产业变革者"的历史使命和社会责任，让节能环保的电动汽车从无到有、从少到多、从 OK 到 GOOD，让世界的发展因为我们而改变一丝轨迹。而当我们回忆起自己的轨迹，我更愿意把过去几年的成长概括成：潜行、破局、融合、加速和领航。

朱强：

让创新发生　让创业成功

企业家小传

朱强，清华大学生命科学学院学士、清华大学经济管理学院硕士。中孵高科产业孵化（北京）有限公司董事长、北京中关科城科技股份有限公司总裁，中孵高科创业投资（北京）有限公司副董事长、北京亦城科技创业投资管理有限公司副董事长。北京经济技术开发区"亦麒麟"领军人才、清华大学医学院生医工程发展基金会理事长、北京经济技术开发区联盟促进会副会长、北京经济技术开发区特色产业园发展联盟秘书长、中关村核心区生物工程与新医药产业联盟副理事长、北京先进医疗设备产业创新联盟副理事长。

战略资源合作　产业金融创新

“让创新发生，让创业成功，让企业加速融入产业。”在汇龙森国际企业孵化（北京）有限公司员工的名片背面，印着这几行手写体的文字。

这几行文字，出自公司总裁朱强之手。毕业于清华大学生命科学学院生物医学工程系和清华大学经济管理学院的朱强，曾经是一名“学霸”。如今，他不仅是汇龙森国际企业孵化（北京）有限公司总裁，还是中孵高科产业孵化（北京）有限公司的董事长、北京中关科城科技股份有限公司总裁，还是清华大学生医工程发展基金会理事长、清华大学生命科学与医学校友会副会长、清华大学医学院生物医学工程系创业咨询顾问、北京经济技术开发区的创新创业导师。

尽管头衔众多，但朱强的梦想简单、纯粹——帮助有创新创业梦想的人，尽快把梦想变成现实。

“状元”成长记

祖籍江苏的朱强，1964 年出生在北京军区一个军人家庭。由于家庭居所的关系，他在北京军区附近的六一小学和八大处中学度过小学和初中时光。初中毕业时正赶上恢复中考，虽然语文、政治成绩拖了后腿，但朱强凭借优秀的数理化成绩，幸运地考取了北京四中高中部。

从小到大一直当惯“学霸”的朱强，到了四中才发现自己与其他同学的差距，尤其是语文成绩一直拖后腿。

幸运的是，朱强遇到了教自己语文的黄老师。在朱强看来，黄老师是“最好的语文老师”。他曾经在一家报社担任总编辑，文革时期被打成右派，后被贬到中学当老师。黄老师带着深度近视眼镜、读起书来摇头晃脑、抑扬顿挫、掷地有声，是一位慈祥的长者。在教学过程中，黄老师非常善于鼓励学生。每一次，黄老师都会把朱强文章中哪怕只是一两个用得好的词语圈出来，画上鼓励的符号；再慢慢把写好的几句话圈上鼓励的符号；再到几个段落；再到让朱强在全班面前朗读写的好的文章部分。正是黄老师的激励，让朱强对语文的兴趣倍增，语文成绩也突飞猛进。

到了 1983 年参加高考时，朱强的各科成绩总分排名第一，成了北京四中的高考状元。这是一个可以上任何学校任何专业的成绩。朱强选择了清华大学生物医学工程系，希望在“生物”“医

学”“工程”自己感兴趣的几个领域开拓自己的未来。

在朱强看来，清华求学是他的世界观的形成期。恰逢当时社会上“振兴中华”热潮的兴起。清华“自强不息、厚德载物”的校训；朱自清、闻一多、吴晗的大师风范；清华德智体全面发展的锤炼，无时无刻不在影响着朱强他们这代年轻人。多年过去，朱强仍然记得，当时在主楼后厅听到林炎志、任彦申关于“振兴中华、匹夫有责”的报告时，心潮澎湃的激动心情，立志要为国家的强盛做点事情。

也许正是因为有这样的信念，大学毕业时，身边许多同学选择到国外发展，但朱强选择了留校。当时他被系里免试推荐为本专业的研究生，留校一边当系团委书记，一边搞科研。

从象牙塔走向商场

1988年，也就是朱强大学毕业的那年，清华大学组建成立了清华大学科技开发总公司，这是清华大学创办的第一个校企。这家企业也是后来著名的清华紫光的前身。

毕业的第二年，朱强在系里参与的一个科研项目被安排转让给清华大学科技开发总公司，朱强作为该项目主要负责人，熟悉项目的情况，单位就把他派到总公司参与成果转化的过渡性工作。让朱强没有想到的是，这一次过渡性任职，后来“阴差阳错”地把朱强留在了总公司，也把他领进了商海沉浮的世界。

朱强在清华大学科技开发总公司及后续的清华紫光、清华控股任职近20年，做过多家子公司的技术总监、副总经理、总经理；做过紫光国际贸易部总经理、当过紫光香港公司总经理；做过紫光集团代理产品事业部总经理，负责DEC、Compaq等代理产品的销售；做过紫光股份有限公司网络产品事业部的总经理；做过集团和股份公司的总裁助理。他做过紫光的多个职位跟随紫光走过风风雨雨，也为紫光创造辉煌。作为负责人，朱强在2000年拿下清华紫光第一个上亿元项目，承担建设了覆盖全国31个交警总队、400多个车管所、6000多万辆机动车、7000多万驾驶员的全国公安交通管理信息系统；2003年开始任清华比威网络技术有限公司总裁、CEO，负责下一代互联网IPV6骨干核心路由器的研发生产销售业务，期望实现“让世界上的每一粒沙子都有一个IP地址”的物联网梦想和清华科技成果产业化的梦想。

朱强做清华比威CEO的时候，公司在全国已经有300多人，公司下设研究院、开发中心、深圳工厂、产品、市场、技术支持、销售、客服等等从前沿技术研发直售后服务完整的产业链条，全国主要片区设有9个办事处，人才密集、知识跨度大、内部价值链长、管理难度大。面对这种情况，朱强第一次感到有些“慌乱”——如何有效地管理全链条公司？如何有效地优化公司运营？如何让公司的战略、策略、执行有序衔接？光靠经验已经难以驾

驭，于是2003年，朱强决定自费到清华大学经济管理学院学习EMBA课程，接受以世界级整合营销大师舒尔茨和国内著名法学家江平为代表的一批大师的理论熏陶。这段学习经历，为朱强今后从事企业运营与管理，熟练现代企业管理制度，打下了良好的知识基础。

正是由于有在清华产业体系近20年企业管理的成功经验和失败教训，朱强才能在他来北京经济技术开发区工作后的科技园和孵化器工作中驾轻就熟，熟知企业创业的艰难和成长的不易，更能为企业提供雪中送炭式的帮助。

重振旗鼓再出发

离开清华比威以后，朱强有一两年的时间一直赋闲在家。

说是赋闲，其实也没闲着，朱强一直在反思。他认为，之前在清华比威的挫折，主要源于自身知识结构的缺陷和商场阅历的不足，特别是对于地产、资本、资源的作用认识不深，之前的工作中片面强调了技能、能力的重要性，而忽略了资源、资本的重要性。

因此，朱强开始花了大量的时间学习各方面知识，学习如何做地产，学习企业如何用好资本市场。这段时间过后，邀请朱强入职的机构多了起来，有四家公司对朱强递出了橄榄枝。美国即将上市的一家公司，邀请朱强来做中国区总经理，给出的条件十分优厚，除了高年薪以外，还给股票；香港的一家上市公司邀请朱强去做CEO；海南的一家上市药企邀请朱强去担任总经理；汇龙森科技园也递出了橄榄枝，邀请朱强来汇龙森科技园做高管。面对前面几家不菲的薪酬待遇，朱强并没有动心，他有自己新的定位，不想重复在清华比威的路子。

其实，朱强对于是否加盟汇龙森，是有些犹豫的，毕竟这不是他之前熟悉的领域。2009年初，经过几个月的调研走访，反复斟酌，朱强最终选择来汇龙森，汇龙森对朱强最大的吸引力就是这是一个资源掌握型平台，不同于之前的能力掌握型平台，朱强期望新的起点有新的突破，无论心态还是事业。

汇龙森成立于2002年，是一家专注于做孵化器的企业。汇龙森的老股东们认为，朱强有在清华企业独当一面的丰富经历，成功过，也失败过，他比别人更能够深刻体会到一个企业成长的不容易。

当时汇龙森的二期园区已经投入使用，三期刚刚建成，公司面临着两个棘手的问题：一是当年7月份公司需要偿还一笔7000多万元的银行贷款，而这笔钱还没有着落，公司经营压力巨大；二是公司申请的国家生物医药平台项目获批，但项目的落地是全新的业务，没有案例可借鉴。看到公司的现状与挑战，反而激发了朱强的斗志。2009年3月份，朱强正式加盟汇龙森。

朱强在进入汇龙森之前并不了解科技园区和孵化器的运作，而解决问题只给朱强留下半年的时间。于是朱强向董事会表示：这段时间，只抓“生产力”，先不抓“生产关系”。

朱强一门心思把精力投入到招商和融资事务中，从认真调研做起，通过与公司的高管、中层以及一线员工的直接交谈，了解过往的经营数据，凭着清华多年的实战经验，逐步梳理出问题所在，之后进行了快速、果断的改革。

在改革中，朱强围绕业务进行部门合并，出台“对赌”性质的业绩奖励方案，设立业绩门槛同时提高业绩奖励系数：如果员工业绩回笼的资金超过1亿元，则奖金翻倍；如果没有达到1亿元，则取消奖金。有了这个全新的激励制度，招商人员的积极性被调动起来了，而股东利益和员工利益通过制度机制获得了锁定。

虽然有良好的制度激励，但2个月过去了，业绩并没有明显的增长，留给朱强解决现金流问题的时间只有两个月了。这时朱强就开始每周亲自参加公司的招商例会，直接了解每位招商人员的意向客户情况，问得很细：上周见了谁？是不是决策者？谈了什么？成交的关键问题在哪？是价格还是其他？有没有进一步的信息？有时候问的业务人员直冒汗，没有真正干活的招商人员回答不出朱强问出的犀利问题。几周下来招商信息越来越清晰，这时朱强要求招商人员把意向等级高的客户决策者约来由朱强直接见面谈或亲自带队上门主动拜会，提高决策和沟通效率，1个多月下来，迅速促成了4、5个客户的成交，保证了经营现金流的回笼，同时与银行的经营物业贷款的谈判也取得了突破，6月底前，浦发等3家银行几乎同时批准了给汇龙森的贷款，从而从经营和融资两方面解决了公司7月份还款的保证问题。在这么短的时间，就取得这样的经营业绩，朱强深厚的经营功底和极高的经营水平赢得了股东和员工们的信任，从此汇龙森再也没有出现过资金问题。

朱强当时需要解决的另一个问题，就是如何建设生物医药公共技术平台。朱强加盟时，汇龙森已经拿到了国家发改委的900万元专项补贴，但由于没有实践过，没有可借鉴的其他案例，对于如何建设？如何运营？当时汇龙森内部并没有统一的意见。投入没有产出怎么办？没有客户需求怎么办？不能按时完成建设验收怎么办？一道道问题摆在了朱强和他的同事面前。

箭在弦上，不得不发。朱强首先通过熟人引进了汇龙森第一个博士，学生物医药的徐博士，先从专业上到位。具体工作一样的从调研走访开始，征求用户和专家的意见，反复多稿形成建设方案和运营方案，带着员工从零起步，逐步探索。反复论证后，朱强决定还是实事求是，先不做高精尖，不追求技术的高大上，而是从企业实用性需求和共性需求做起，也不追求上来就为企业提供高端技术服务，而是从专业空间租赁、设备租赁、开放实验室等做起，为中小企业提供“恰如其分”的服务。

按照这样的定位，汇龙森科技园建设了分子生物学实验室、分析检测实验室、有机合成实验室和GMP车间，公司投入了约1800万元，购置了实验设备。实验室建成后，园区的企业可以根据需要租用专业空间，不用单独建自己的实验室，不需要购买贵重的实验设备，只需要租用汇龙森的开放实验室自己来人带着试剂做实验，这样一来，既解决园区企业投入大的问题，也补齐了汇龙森在企业专业服务方面的短板，提升了专业孵化能力，取得了良好的经济效益和社会效益。通过8年多的实际运营，可以说汇龙森的生物医药平台是中关村开放实验室体系中运营效果和经济效益最好的平台和实验室。朱强带着汇龙森的同事们创造了又一个奇迹。

从此汇龙森走上了一条快速发展的道路，汇龙森从物业型孵化器起步，经过专业型孵化器阶段，到专业+投资型加速器阶段再到全链条孵化器阶段，2013年成为科技部全国首批科技创业孵化链条示范单位，这是当时全国第一家，也是北京市唯一一家。目前，汇龙森已经是科技部认定的“国家级科技企业孵化器”“国家级众创空间”；工信部认定的“国家级中小企业双创示范基地”“国家级中小企业公共服务示范平台”、北京市科委认定的“高新技术产业孵化基地”，北京市人事局认定的“北京市留学人员创业园”，也是中国孵化联盟的秘书长单位，开发区特色产业园发展联盟秘书长单位。

汇龙森公司目前拥有3个自建科技园区，3家合作科技园区，1个协作共建园区，园区管理总面积超过60万平米，园区企业超过600家，涵盖生物医药、医疗器械、新材料、智能装备、电子信息、节能环保、新能源等行业领域，园区经济效益突出，产值密度、税收密度、人才密度、知识产权密度、就业密度都大大超出北京经济技术开发区的平均指标要求。

产业孵化开新篇

十年磨一剑。在汇龙森的工作中，朱强深刻体会到，孵化器就是要帮助企业提供各种要素，促进企业茁壮成长。一个成熟的孵化器必须要有强大的资源要素支撑，同时也要有“予人玫瑰，手有余香”的情怀和抱负。

在朱强看来，汇龙森的成功，离不开北京经济技术开发区良好的创新创业环境。一方面，开发区为汇龙森的发展壮大提供了全方位的支持；另一方面，开发区在鼓励创新创业以及引进人才方面的优惠政策，吸引了许多创业者到开发区发展，客观上也为汇龙森带来了许多优质客户。

2013 年 11 月，朱强在参加科技部科技创业孵化链条示范单位的答辩会时，首次提出了“产业孵化”的概念。所谓“产业孵化”是指，随着企业的发展壮大，会形成企业上下游的聚集，从而形成产业链条的雏形。作为专门做孵化器的公司，不能从简单地从单一企业孵化的视角来思考问题，而是要从产业发展的长远角度来审视。从另一个角度看，在新时代，政府打造区域经济的增长极，不可能再像过去一样捡到筐里就是菜，而是会更加注重梳理打造符合资源要素禀赋的产业链条。在这样的背景下，汇龙森希望更加深度地参与到区域经济新增长极的打造之中，把企业孵化和产业孵化结合起来，跳出汇龙森，把汇龙森的服务水平“拔”到产业级别。

伴随着北京经济技术开发区的转型，从过去的制造中心转到创新中心，从过去的"为工厂服务"转到"为科技和人才服务"，汇龙森深处其中，必须随之转型升级。而当时，汇龙森的企业孵化园区也已经基本饱和。朱强又带着大家走出汇龙森，开始了新业务拓展的征程。朱强提出要打造公司新的核心竞争力，从过去的"硬实力、政府关系、机会敏捷"过渡到产业孵化阶段的"软实力（也即打铁自身硬）、政府信任、用户体验和伙伴经济圈"。

针对产业孵化，朱强创新提出了新的"两 +"模式，在朱强看来，做好产业孵化需要有三股推进力量：即专业园区承载 + 产业资源拉动 + 资本力量推动。一个区域把特色产业园、龙头企业、资本力量组织好，才能真正做到产业孵化，当地经济发展一定差不了。当然，产业孵化也有绕不过的"坎"：一是合作伙伴的关系通过项目固化为资源产品、项目，最终形成实实在在的商业模式落地。二是厚积薄发需要有个过程，资源要素的集聚需要慢慢积累，不可能一蹴而就。

2015 年，朱强在董事会的支持下主导创办了中孵高科产业孵化（北京）有限公司，任董事长，管理骨干和员工持股 45%，创新了战略、企业文化和长期激励机制。在新的体制机制下开始引领科技园、孵化器行业从企业孵化级别向产业孵化级别转型升级。目前，中孵高科产业孵化（北京）有限公司已经在全国成功对外拓展培育了 9 个科技园区。计划通过空间、资源和资本的整合，打造一个充分共享资源和能力的伙伴经济圈，和合作伙伴一同成为国内领先的产业孵化平台运营商，成为领先的创新创业服务平台运营商，成为领先的 O2O 虚拟孵化平台运营商。

让创新发生，让创业成功，让企业加速融入产业，做产业孵化，朱强和他的团队已经准备好了！

企业家感言

心存高远而不好高骛远

生活在这样一个伟大的时代，一定要有家国情怀，才不至于虚度人生。

年轻的时候，听到如何报效国家的激昂演讲，总会被感动。我常常告诉自己，不一定人人都有“激情燃烧的岁月”，但一定要度过一段“不悔的青春”。

开发区原管委会主任李凤玲曾是我清华大学的老师，他在我毕业纪念册上留言：求实但不落俗套，进取而不图虚名。我也以此为座右铭，做任何事情实事求是，敢于创新，既心存高远又不好高骛远，在有生之年，多为我的集体、我的国家做贡献。

清华的基因烙在我身上的是勤奋精神、是视野和世界观，是自信和正能量，是奋斗初心和家国情怀。我不愿留恋 2000 米高处的成功乐园，而更愿意上下求索，不断攀登，追求 8000 米高处的别样风景。虽然困难，但我愿意带着我的团队前行。

就像习近平总书记说，幸福都是奋斗出来的。我和我的团队，都需要有更多的责任心、事业心和时代的使命感，不驰于空想、不骛于虚声，一步一个脚印，踏踏实实干好工作，努力把梦想变成现实。

周卫国：
为机械手臂烙上中国印

企业家小传

周卫国，北京锐洁机器人科技有限公司创始人，董事长。2009年和北京北方微电子公司合作研发中国第一台国产LED蓝宝石衬底片刻蚀机设备，主要负责设备的整机以及传输模块的设计工作。2013年1月创办北京锐洁机器人科技有限公司，担任公司董事长负责公司运营及技术研发管理工作。作为独立和第一发明人，共申请专利达20余项。

在北京经济技术开发区的汇龙森科技园有这么一家国家高新技术企业，它集智能洁净机械手臂和半导体专用高端集成设备的研究、生产以及销售为一体，他们自主研发的国产首台半导体减薄晶圆设备（SorterSystem）在业内首次采用了 PLC 控制方式的SECS/GEM通讯协议的MES通讯软件及晶圆、垫纸识别等技术，不仅同比国外设备为客户降低了 30% 成本，更重要的是在这些设备上烙着明晃晃的中国印记。它就是北京锐洁机器人科技有限公司。作为锐洁机器人的董事长，周卫国在孜孜不倦实现自己科研梦想的同时，也为那份强烈的爱国情怀寻得了最为合适的土壤。

工作求学苦修炼

出生于 1969 年的周卫国自小就对科技充满了好奇亦对机器构造兴趣浓厚，为了让兴趣“落地”，经过十余年苦读，周卫国终于凭借优异的成绩，迈进了南京航空航天大学的大门，在直升飞机设计专业进行了正统的学习。几年的学习为年轻的周卫国明确了未来前进的方向，也坚定了他对于机械工程制造的兴趣和选择。

一出校园，周卫国就投身进了半导体设备机械研发企业，在社会工作中，继续学习。在十余年的工作生涯中，周卫国经历了若干次的临危受命，有一件事让他格外的记忆犹新。那一次公司的一位重要客户提出了在一个月内必须拿到自己所需产品的要求。为了保证客户的权益，也为了维护公司的形象，高层领导直接下达了七日之内必须完成所有图纸设计、审核工作的命令。看着正在设计的图纸，周卫国的压力莫大，经过一番盘算，他决定暂时把家“搬”到工位上。困了小憩一会，稍有精神便再次投入到工作中。最终，周卫国和和同事们昼夜赶工终于在规定的前一天交付了产品，为公司赢得了利益。这件事让周卫国意识到，只要方向对、人心齐、肯付出，就没有完不成的任务。

为公司解难救急是周卫国实现自己价值的一个途径，而在这个过程中他的眼界和能力也在一次又一次地历练中大幅提高。但周卫国更渴望有一个独立伸展的舞台。

创业完成报国梦

周卫国是个不安分的人，这源于他本身喜欢挑战，更因为在他的心中始终有个报国梦。今天的周卫国早已在半导体洁净机器人行业享有了一定知名度，一手所创办的公司也被行业看好。他将其归功为10多年的技术积累。这不仅让他在创业初期对技术风险和产品方向都有很好的把控，而且也给后期公司的快速发展奠定了坚实的基础。

看着日本的半导体设备机械制造业已经发展到了极其成熟的阶段，而自己国家半导体设备机械制造的技术却尚属空白，周卫国不禁一阵十分感慨，总希望能够靠自己的努力，让国内也拥有同样的技术。可周卫国却相当理智地选择了进入一家国企先工作一段时间。他希望能通过在国企的工作了解国内企业的做事风格和发展法则。为了表示自己的真诚，周卫国带着先进的技术与该企业进行了合作，共同研发LED刻蚀机，他则负责平台部分的开发。在之后的两年中，周卫国和公司都看到了强强联合带来的价值——2010年，LED刻蚀机进行试生产，并成为公司的主打产品；2011年其获得我国市场60%的市场份额；2014年销售突破100台。直到现在，该LED刻蚀机的平台所采用的还是原来的那套框架没有改变过的系统。尽管如此，这几年对于周卫国来说依然不轻松。虽然来自工作量的压力并不在像此前那般大，但他却总有被束缚的感觉，那种源于不能按照自己的想法做事的压抑让周卫国痛苦不堪。甚至出现了虽有负担、却无动力的痛苦。

当时间都无法缓解这种痛苦的时候，周卫国认为自己必须离开了。那个时候，在周卫国看来创业可能他个人发展到这一阶段的必然结果。

2013年，经过反复考察后，周卫国将目光投向了机器人产业。得知了周卫国要当“创客”的时候，一些跟他私交甚好的同事纷纷劝他不要冒险，在大家看来不仅半导体行业的门槛较高，而且对技术、人才和资金的要求也很高，如果没有一定的实力，创业失败的可能性会很大。就在周卫国犹豫的时候，他的领导也是当头一盆凉水——在我国，半导体洁净机器人的市场那么小，而且还不成熟，你能做起来么？这时候，喜欢跟困难较劲的周卫国相反不再犹豫了。他十分清楚的知道，就算没有太多的有价值的信息、就算没有已经被前人踏平的路，对于性格执拗不服输的他来说也只有创业这条路可以走了。更何况，谁的创业不艰难呢？

市场海洋苦作舟

在众人的质疑和周卫国的孤注一掷中，北京锐洁机器人科

技有限公司诞生了。那一刻，周卫国觉得自己的创业之路无比正确。因为，他真实得感觉到了此刻的自己不仅做事充满动力，而且生活的幸福指数也随之提高了。

创业给创业者带来的机会是无限的，但是稍有不慎也存在被机会覆舟的风险。刚开始创业的时候，周卫国的兴奋可想而知，每个商业机会都不愿错过，每个合作项目都不想放弃，因此做了很多的无用功。在创业的第一年，锐洁机器人首要面对的困难就是产品的研发方向并不明朗。对于周卫国而言，那时的机器人市场机会不是太少而是太多，多到让其一度迷茫。通过调研，周卫国发现，原来服务机器人的市场是非常巨大的，但是奇怪的是很难看到成功的应用案例。而且，在日本生活期间他也基本没有发现成熟的服务机器人产业。

为了让公司能够在这一领域分到一杯羹，周卫国开始尝试着为一些国内的客户提供相关的方案性服务，但遗憾的是基本都未能成功。而让周卫国倍感气愤的是，有些客户居然拿着锐洁机器人提供的方案后去找自己的关系户进行实施。苦恼的周卫国在失败中终于做出了“服务机器人的市场还不成熟，不适合短期内投资”，“服务机器人的技术还不够高科技，容易被仿制，技术门槛不高”的判断。

经历了“填补服务机器人市场空白”的挫折，周卫国更加坚信洁净机器人才是锐洁机器人必须要落实的产品方向，而专心做好自己擅长的专业才是锐洁机器人的发展途径。

在找准了产品方向后，周卫国又开始研究起了经营策略。起初，周卫国坚持认为对于一家小公司而言，如能一举寻得大客户，定会将创业者的痛苦解决的一干二净，而且还能“活”得非常滋润。因此，周卫国和同事们就把主要精力放在了大客户的开发上。但是，彼时的他们太想背靠大树好乘凉，却忽视了现实的残酷——小公司往往不被重视，公司没有核心产品，且缺少知名度。更何况很多大公司的流程繁琐、各部门利益关系复杂；其议价能力较强，回款不及时；大公司单方面不履行合同的风险较大等等。这些难题就像一座座大山压得刚刚诞生的锐洁机器人喘不上气。为了创造成长的机会，周卫国最终调整了营销策略。他们把公司的主要精力从大公司上抽回来投放到了对中小型客户的开拓上，并加强了对中小型客户的技术支持和售后服务的力度。让周卫国稍感轻松的是，很多中小型客户在预付款、回款方面均较为及时，在一定程度上减缓了锐洁机器人的资金压力。

事业历难终建成

捋清了产业发展和营销方向后，周卫国发现还有一个通过自己的能力无论如何也解决不了的问题，那就是对于小微企业而言并不宽容的市场环境。当时不仅银行贷款的可能性近乎于零，而且风险融资的渠道也很少。锐洁机器人在发展初期正好赶上我国互联网经济和共享经济的大爆发，以及网络融资的泡沫和房地产经济的大跃进。在这种大环境下，高科技类型的实体经济很难得到外界的资金支持。每次周卫国都是满怀期许的与金融机构就企业融资方面真诚地谈判，但最终的结果却并不美好——根本不可能融到钱，只能靠企业自身的发展。而且这期间屡见不鲜的违约情况更是让锐洁机器人的生存雪上加霜。尽管如此，周卫国也从未亏待过自己的员工。

在最窘迫的时候，锐洁机器人的账面上仅剩几十万的现金。对于一个高科技公司来说，这意味着什么不言而喻。就是在这种公司的生死边缘，周卫国都不曾拖欠过一个员工的工资。而且在最艰难的前几年，公司还给每个员工发放了年终奖。原因很简单，周卫国心底太清楚了，正是这些可爱的员工给予了锐洁机器人成功的动力、给予了公司发展的希望。

起初，周卫国为了节约成本租了园区一楼一家超市隔壁的小房间作为生产车间。正是在这个狭小的空间里，周卫国亲眼见证了公司第一台大型设备的诞生。这台设备最终销售给了国内著名半导体芯片厂。彼时，为了赶工，周卫国带领着所有员工天天加班，最晚的一次竟然加到了第二天的凌晨 2 点。虽然很辛苦，但是大家却因为拥有着相同的目标，干劲十足。正是有了员工们的众志成城，才让锐洁机器人销售业绩每年翻番的期望成为了可能。员工对公司尽职尽责，周卫国对员工更是以诚相待，除了丰厚的待遇外还有无限可能的晋升空间。因此，到现在为止，锐洁机器人的经理级核心员工都从未流失过一个人。

今天的周卫国虽然还需为锐洁机器人的明天和员工们的未来不停奔波，却早已能够静下心来梳理过去、思考将来。周卫国

曾这样告诉别人，自己在经历了种种不易后终能成功其实是得益于性格的通融和坚实的行业知识。目前，他已经把大部分经历放在了公司中长期发展方向的制定、技术团队的管理和公司文化的建设上面。他相信，锐洁机器人在众人的瞩目中一定会茁壮成长，而自己那颗报国心也终于得以安放。

➢企业家感言

其实每个创业者都可能需要经历一个充满了激情、迷茫、挫折和迷失的阶段；每个创业者都会给自己描绘一个非常美好的未来。梦想必不可少，但必须要到好守得住寂寞的心理准备，毕竟大部分的成功者都并非一夜成名。我不相信媒体上一夜暴富的传奇故事，却坚信创业最大的风险源于创业者心态的波动。我用自己的经历告诉更多的创业者，在创业的挫折中人们往往会对自己的能力和选择产生怀疑，失去方向，因此，良好而健康的心态至关重要。

丁文武：
芯片梦就是我的梦

企业家小传

1992年7月毕业于合肥工业大学半导体器件与微电子学专业，获得硕士学位；2011年6月获得天津大学管理学博士学位。1992年起，曾长期在国家机械电子工业部、电子工业部、信息产业部、工业和信息化部等国家产业主管部门工作。1995年9月任电子工业部综合规划司副处长，1998年任信息产业部综合规划司副处长，1998年任信息产业部综合规划司电子信息产品规划处处长，2002年任信息产业部电子信息产品管理司副司长，2008年任工业和信息化部电子信息司副司长，2011年任工业和信息化部电子信息司司长。任国家集成电路产业投资基金董事、总裁。

荣誉证书
被评为优秀共产党员

越来越多的新兴业态的产生，让我们的生活有了翻天覆地的变化。越来越多的事实证明，时代的发展离不开技术的进步，芯片作为高新科技的代表，也越来越走进老百姓的视野当中，人们在芯片发展成果中受益良多。其实早在上个世纪 80 年代，就开始有一批思想活跃的青年开始投身于集成电路这片热土之上，这其中就包括现在已经是国家集成电路产业投资基金股份有限公司总裁的丁文武。达到现在的成就，绝不是一朝一夕的成果，丁文武用实践告诉我们,个人的理想只有紧跟时代的步伐才能够实现。

废寝忘食，迎难而上

1962 年，在那个缺衣少食的年代，丁文武出生在安徽合肥一个普通家庭。人杰地灵的江淮大地赋予了丁文武吃苦耐劳的性格基因，家里兄弟姐妹 6 个，丁文武是最小的儿子，虽然家中人丁兴旺，父母还是提供了孩子们公平学习的机会。正因为父母对教育的重视，在多年的求学生涯中，丁文武一直坚持自己勤勉好学的态度和刻苦努力的精神，一份耕耘一份收获，从那时开始，他在班级中就一直是当仁不让的尖子生。

丁文武是恢复高考后第一届初中应届中专生，对于学习成绩优异的他来说，赶上这样的机会简直是如鱼得水，所以在 1978

年他顺理成章地考上了安徽交通学校的汽车专业。同年龄的很多同学上了中专后悔，就想毕了业就赶紧都考大学，丁文武和同学们的想法就完全不同。虽然在报考的时候了解并不深，但是学习了这个专业他从来没有后悔过，当时的安徽交通学校一共有四个专业，丁文武所在的汽车专业在学校学生里是最羡慕的专业，也可能是男孩骨子里对于机械的兴趣，每天都能摸到汽车使他感到非常兴奋。在别的同学一心想要考大学的时候，丁文武一直专注在自己专业领域上，并以优异的成绩完成学业毕业。

中专三年的学习，使他对汽车行业已经驾轻就熟，也燃起了对于物理方面的热情，为以后的职业道路奠定了坚实的基础。

中专毕业后丁文武被分配到合肥市汽车运输公司当技术员，主要负责汽车的运行和维护、修理和保养。但是很多时候，行业的发展速度比我们想象的还要快。到 1984 年左右，汽车的数量迅速增加，特别是改革开放春风的催动，社会上的汽车运输公司也就如雨后春笋般萌生出来，传统的国有汽车运输公司已渐渐不适应市场的需求变化，市场竞争力也就变弱了。

这个时候丁文武想起了当年中学同学备考大学的情景，和同学们现在丰富多彩的大学生活，这使得他燃起了新的想法。这时他已经在汽车运输公司工作了三年，工作已经步入稳定，这个时候丁文武又考起了大学。但是已经工作了三年，很多东西都忘得差不多了，可能是骨子里边的刚毅让他遇到困难时想的不是后退而是前进，哪怕连考试教材和复习资料都没有，他仍然义无反顾的决定试一试。这一试就是几个月，他一边上班一边复习，白天提高效率，早点完成工作，为了晚上可以多一些学习时间，那个时候同事们见到的都是紧张工作的他，熬红眼睛的他，但是对于他自己来说却是乐此不疲，终于找到了许久没有感受到的学习的热情。

其实对于丁文武来说，最大的难度还不只是时间紧张，更现实的问题是，根本没有教材，那个时候不像现在网上购物一样这么方便产品也这么丰富，想要买到学校的教材根本没有渠道，唯一的办法就是跟同事家的上学孩子借,但是别人自己也要复习，就这样东拼西凑，东借西借，居然也是把该学的内容都学到了。

1984年的秋天，酷热的夏天还未过去，潮湿的暑气拍打着人们的脸庞，丁文武如愿考上了合肥工业大学应用物理系。可能是因为多年的学习工作经验在丁文武脑海中留下了深刻的烙印，也因为是当时“学好数理化，走遍天下都不怕”这样的“警示名言”，丁文武一开始就想学物理方面的专业，因为学校里的物理系有很多细分专业,机缘巧合就被分到了半导体物理与器件专业。说实话，报考志愿的时候丁文武并不知道这个专业具体是干什么的，他对半导体的认识就像那个时候老一辈说的，半导体就是收音机。因为半导体产业当时在国内发展还很弱小，到了90年代后期，才有一个新的发展热潮。

服从安排，以大局为重

大学本科毕业的前一年，丁文武的系党总支书记说学校要推荐一批品学兼优的高年级学生作为免试硕士研究生，从事双肩挑的工作，一方面学习功课，一方面担任低年级的辅导员。为了这个难得的名额，同学们都争先恐后，丁文武却觉得自己年龄比别人大，班里的都不是同龄人而且免试这会不会有非议，丁文武就跟党总支书记说，我想凭我自己本事考，我肯定能考的上！有这样的底气并不是他心高气傲，是因为丁文武在学校的成绩一直很优秀，所有功课平均都在95分以上。这时候党总支书记语重心长的跟他说：“你是党员，要服从组织安排。”自己报考的愿望落空，但是他并没有感到非常失落。因为自己是党员，必须服从组织安排，就这样在他当了两年双肩挑的辅导员之后，直接保送了硕士研究生，研究生也是同类专业，半导体器件与微电子技术。

当时合肥工业大学隶属于机械工业部，电子专业对于机械工业部来说不是主专业，相比较电子工业部更加重视电子专业。后来，机械工业部和电子工业部合并为机械电子工业部。1992 年 7 月硕士研究生毕业，时任校研究生会主席、研究生党支部书记和合肥市西市区人大代表的丁文武，作为优秀学生干部被分配到了机械电子工业部电子行业发展司，负责电子行业发展规划、发展战略、行业管理等一系列工作。到部里之后，丁文武完全放弃了技术研究，全都转向了管理。虽然跟以前的工作内容全然不同，但是对于一个优秀的共产党员来说，只要能做出贡献，在哪里都可以为祖国的事业添砖加瓦。哪里需要我，哪里就有我。

就这样一直到 2014 年 12 月，丁文武一直在国家政府机关里从事着自己的行业管理工作，经历了从机械电子工业部到电子工

业部，再到信息产业部、工业和信息化部四个时期的政府机构改革，历经了整个电子行业的管理工作。从一开始的电子基础行业包括半导体、显示器件、电子元器件、材料与设备，再到整个电子信息领域，从开始的主任科员，到后来的副处长、处长、副司长、司长，在这整个经历中，管辖的领域越来越宽，管理的内容也就越来越多。在综合规划司主要负责电子信息产业规划，在电子信息产品司和电子信息司，主要负责电子信息产业发展规划与发展战略，还包括技术研发和标准制定。在职期间，丁文武还攻读了信息通信管理硕士学位，一方面是了解信息通信管理方面的情况，在那个信息通信发展非常迅速的年代，增加信息通信发展知识非常必要。一方面是了解更多国际上的先进管理水平，为以后的加强信息通信发展所借鉴。

可以说丁文武是主动的，他选择自己的专业，忠于自己的理想。他也是被动的，作为共产党员，服从组织的安排，履行党员的义务。但是这一切在丁文武眼中都是工作的一部分，人生的一部分，重要的是自己在过程中有所收获，不断汲取着不同的能量，获得更多的知识储备，从而使自己的能力迅速增强。

激流勇退，支持芯片事业

在芯片行业摸爬滚打这么多年，丁文武对这个行业可以说特别有感情，一方面自己是学这个专业的，这个行业的方方面面已经植根于脑海。一方面工作和学习之后，对于我们国家半导体行业落后的状况深感不安，也倾注了全部心血。

发展的过程是个漫长的过程，丁文武对于芯片行业有着自己的看法。以前从计划经济到市场经济的时候，算是个不小的变动。以前在计划经济时代，半导体企业大多数是国有企业，国有企业在计划经济体制下很难获得足够资金，都在国家统一规划中，企业实力也比较弱。后来向市场经济过渡之后，按市场规律运作，有的企业没坚持下来就破产了，有的企业坚持下来了，就赶上了好时机。

正因为我国集成电路行业发展相对缓慢、与世界发达国家和地区差距日趋加大，在党中央国务院的高度重视下，2012 年国家计划制定集成电路产业重大规划和政策，丁文武作为工业和信息化部电子信息司司长带头组织了制定了《国家集成电路产业发展推进纲要》（以下简称《纲要》），《纲要》薄薄几页纸，包括了我国集成电路产业的现状形势、总体要求、主要任务、发展重点和保障措施，全面而宏伟。

在国务院领导、工信部等各相关部委领导的领导下，《纲要》制定凝聚了丁文武的所有心血，《纲要》制定工作持续了近一年半年时间，进行了数次的调研，组织行业专家、企业家以及金融、管理等各方面的专家以及中央与地方行业主管部门，开了大大小小数不清的会议，终于在 2014 年的春节前完成制定工作，《纲要》得到国务院批准颁布，所有人终于松了一口气。那一年的春节，寒风瑟瑟万里无云，灿烂的阳光打在每个人脸上，让人快要忘记这是寒冷的冬季，丁文武伸了个懒腰感受到了前所未有的轻松，领导交代的任务终于完成了。除了完成任务的轻松，还有对整个集成电路产业未来发展希望的兴奋和憧憬，丁文武深深知道《纲要》的出台对于整个集成电路行业即将带来的翻天覆地的变化。《纲要》的颁布使得整个集成电路行业包括全社会都行动起来了，大家都开始重视起来了，国家设立了大基金，地方也在设立基金，社会资本也在向这个行业聚集。

按照国务院的要求，在工业和信息化部和财政部的支持和指导下，丁文武带领团队全力推进国家集成电路产业投资基金的筹备，在国务院批复基金设立方案后的四到五个月内，按照要求时间节点如期注册了基金公司和基金管理公司，实际募资 1387.2 亿元，超额完成了国务院批复基金设立方案的 1200 亿元的募资目标。同时基金公司正式注册成立后，受财政部委托、经工业和信息化部推荐和董事会选举，丁文武任基金公司董事、总裁。从国家干部到企业总裁，不同的不只是管理范围管理内容的变化，还有心态的转变。到企业做总裁就没有了之前的干部头衔，没有了以前的公务员待遇，但是这些都没有在丁文武的考虑范围内，设立集成电路产业基金对整个集成电路行业来说具有里程碑的意义，在这种时刻，如何贡献自己的力量才是他最关心的事情。

企业和政府的工作性质是完全不一样的，政府对行业企业的支持主要是研发补贴补助形式，最大的不同还是政府的拨款是不用还的。但是投资是不一样的，出资方要占股权，企业不会随

便接受资助，基金也不能随便投出去。投资就占了股权，就要参与公司治理，股权越大，话语权也就越重，参与治理对于企业是压力，也是动力。在选择企业的时候，丁文武很注重这个企业的价值，包括企业的团队、技术、管理、发展前景等等一系列的问题，综合考量，要让每一笔出去的投资都要有力量、有价值。

对于丁文武来说，帮助一个企业迈上新台阶，占领更大的市场，缩小行业与发达国家和地区的差距是最有成就感的事情。芯片领域的发展需要非常大且持续不断的投资，这也是丁文武觉得一定要设立基金的原因，让产业走向市场化，才会给这个产业注入源源不断发展的动力。而这样，如何能将实现国家战略和市场机制的有机结合，同时保障股东的利益最大化，压力就落到了丁文武身上。

身负重任，不敢忘忧

集成电路产业是国民经济和社会发展的战略性、基础性和先导性产业，是非常重要和核心关键的产业，因为它对信息社会有核心的支撑作用，对于信息安全、国家安全来说也特别重要。但是不能否认的是，我国集成电路产业与世界发达国家和地区相比无论在技术水平和产业规模上差距都很大。到目前为止，我们的所有高端芯片几乎都要靠进口，所有制造芯片所需的关键装备和材料也基本要靠进口，我们的企业在与国际企业巨头的竞争中处于不利地位。丁文武对此深感忧虑。以前我国在芯片领域搞了几大工程，虽然有进步，但差距并没有缩小。如上个世纪九十年代初实施的集成电路重大工程，建设芯片生产线，当时引进的是日本技术，经过漫长的 8 年论证、审批与建设，生产线建成的时候人家的技术已经淘汰了，这种力不从心的窘迫对丁文武来说是不小的打击。

此外，信息安全也是芯片上不能忽视的重要方面。其实现在手机也好，电脑也好，只要你能用到芯片的地方，做到完全安全是很难的。每一个通信工具都是一个载体，只要上互联网，你的信息其实都是对外公开的，因为你用了国外的芯片，还用了国外的基础软件，你就无法从根本上控制信息的来源和传播。但是如果主要芯片是我们自己的，基础软件是我们自己的，我们就可以自己去掌控安全。从前因为国外的技术产品既成熟又相对便宜，我们习惯了拿过来用，反而丢了自己的创新能力。虽说呼吁产业全球化，不能一家独大，但是我们必须有自己的筹码，才会成为行业的主导者而不是跟随者。

冰冻三尺，非一日之寒，在丁文武的眼里，制约我国芯片发展的因素不是一朝一夕形成的，最主要还有技术、人才、投入、政策上的桎梏。因为现在很多核心技术专利掌握在别人手里，我们要想使用就要支付很高的专利授权费；同时研发投入和产业投资力度也远远不足，不管从国家还是企业在资金上投入都不够，尤其是跟发达国家和国际企业巨头相比更是相距甚远。企业规模也都偏小，中国的宁当鸡头不当凤尾的老观念深入人心，尤其集成电路设计小微企业非常多，竞争力都不够强而且整合困难；政策有时落实不到位，体制机制也不适应产业发展的需要。同时，对集成电路人才政策的重视不足，导致很多人才跳槽到金融投资行业、互联网行业，因为相比于其他行业，芯片行业工作难度大，压力大，待遇也不高，所以一些人才就渐渐放弃了这个领域。

丁文武担心的不只是眼前的窘境，还出于我们越落后越受制于人的长远考虑，我们不能一直处于被动状态。芯片作为核心问题不解决，就会有太多问题都没办法解决，关键核心技术是要不来、买不来、讨不来的，我们还是要靠自己创新。技术掌握在别人手上只会受制于人，别人给你才能用，别人不给你就束手无策，关键核心技术始终是最大的核心竞争力所在。同时我们也必须坚持开放合作发展，不能闭门造车，别人有益的成果我们也要吸收借鉴，但是归根结底只有提高自主创新能力才是解决不受制于人问题的关键。

任重道远用来形容芯片行业发展不为过，丁文武作为“亦麒麟高端产业人才”也是当之无愧，几十年呕心沥血，积极响应党的号召，不忘初心，牢记使命，方得始终。丁文武的集成电路情结很深，在他的心中有一个中国集成电路产业的“芯片梦”，一直以来把实现“芯片梦”作为他的梦想，而且他一直在为实现这个梦想而不懈地努力耕耘着。

➢企业家感言

我们集成电路产业有一个芯片梦，实现集成电路跨越发展是实现中国梦的重要基础。只有中国芯片梦实现了才能为中国梦的实现贡献更重要的力量。

胡凯文：
我们维护的是生命的质量

企业家小传

胡凯文，教授，主任医师，博士研究生导师，博士后合作导师，肿瘤绿色治疗学创始人。现任北京中医药大学东方医院副院长，北京中医药大学中医肿瘤学系主任，北京中医药大学肿瘤研究所负责人；兼任北京绿色医疗新技术产业联盟理事长，中华中医药学会肿瘤分会副主任委员，中国医师协会肿瘤消融治疗技术专家组副组长，北京医师协会中西医结合医师分会副会长。首创“肿瘤绿色治疗”体系，著有《肿瘤绿色治疗学》一书。

肿瘤绿色治疗学

医生，一个令人肃然起敬的职业。作为医生，胡凯文一直以患者的切身感受为优先。从医几十年来，因为这样的初衷，胡凯文一次次的创造奇迹，一次次的为患者寻求更优的解决方案。在胡凯文的领导下，让人望而生畏的医院病房，充满了温馨和暖意。

家庭的熏陶使他走上职业道路

1964 年，在赣鄂皖交界处，湖北黄梅县一个普通的家庭里胡凯文出生了，他的祖辈虽没有在医学界声名显赫，但是世代也没有脱离开这个圈子。父亲专业虽然不是学医的，但是湖北大学生物系毕业的学习经历使得他的父亲非常喜欢钻研中草药，家里人大大小小的病症在父亲的研究下也都得到不错的效果。

胡凯文在中学时期曾经患过坐骨神经痛，但当时并不知道是为什么，只是腿总是一瘸一拐的，当时正在教书的父亲给他办了休学将他接到了单位，每天除了给学生上课就是给儿子扎针灸，在经过父亲的针灸后，胡凯文的腿真的慢慢地康复了。妹妹小时候烫伤了，开水从头上浇了下来，父亲用自己采的土大黄，熬了一大锅汤，不断地给妹妹冲洗，洗完之后妹妹的皮肤也恢复的非常好。

小时候的经历给了胡凯文很大影响，在他的眼里，父亲一直是无所不能的。高中选专业的那段时间，胡凯文辗转难眠，和很多孩子一样，胡凯文小的时候也一直希望成为一名科学家，因为他觉得这样就可以去看看外面的世界了。但是经过这么多年看到没有经过专业学习的父亲都能把家人照顾的很好之后，他萌生了一个特别的想法，“如果我专门去学医会怎么样，会比父亲更加‘厉害’吗？”，于是胡凯文迈进了湖北中医学院的大门，走上了医学的道路。

在湖北中医学院完成学业后，想要继续深造的胡凯文，来到了北京，在北京中医药大学读了硕士，在硕士专业选择时，他经过了一番深思熟虑，最后并没有选择本科学习的中医，而是报考的中西医结合专业。当时胡凯文的硕士生导师是西医改到中医的，所以对中西医的所长有着深刻的认识，老师知道胡凯文对中西医的理论内涵没有深刻的体会，就给他打开了一扇新的大门，将他送到了军事医学科学院放射研究所，主要负责做干细胞，在这里，胡凯文接触到了纯粹的西医。这里学术氛围非常浓，每周都有大大小小的研讨会，同时胡凯文翻阅了大量的书籍，在这个过程中他将基础医学学习的非常扎实，也将中西医的理论基础、源头都烂熟于心。

因为作为医生，为了患者的康复，必须去了解西方医学，毕竟在绝大多数国家里，西方医学还是作为主流医学，就有它必须存在的不可比拟的价值。而在胡凯文心里，学习中西医结合并不是要向西医靠拢，而是取长补短，知道自己的长处与不足，根据具体的情况结合双方的优点，更好的为患者服务，不能为了学中医而去学中医。就比如补充白细胞，中医可能需要很长时间，而西医打一针就可以了。正是因为想到了这些，胡凯文一直到博士学习的都是中西医结合的专业。

祸福相依，学术上取得重大突破

1993年，胡凯文在硕士毕业之后，曾经想过要去国外留学，当时出国材料都已经写了50多份，就在一切准备就绪的时候，家里却突然发生了大事。那是那年的春节，大年二十九一回家胡凯文就感受到了不寻常的感觉，邻居都张灯结彩，红红火火，只有自己家门冷冷清清，一点过年的气氛都没有。走进家门，姥姥生病了躺在床上，母亲也虚弱的躺在床上，最严重的是父亲，结核性胸膜炎，已经不能平躺着睡觉了，走路也很困难，只能半仰靠着。因为病情的特殊，医院都无法为他的父亲进行治疗，这个紧急的时候，胡凯文毅然决定将家人接到了北京，一是因为在北京，专家会多一些，治疗的可能性就会大一些，二是因为，只有把父亲带在自己身边会更放心一点。虽然当时胡凯文并没有毕业，没有单位，也不知道之后会分配到哪里，只能求助当时的女朋友

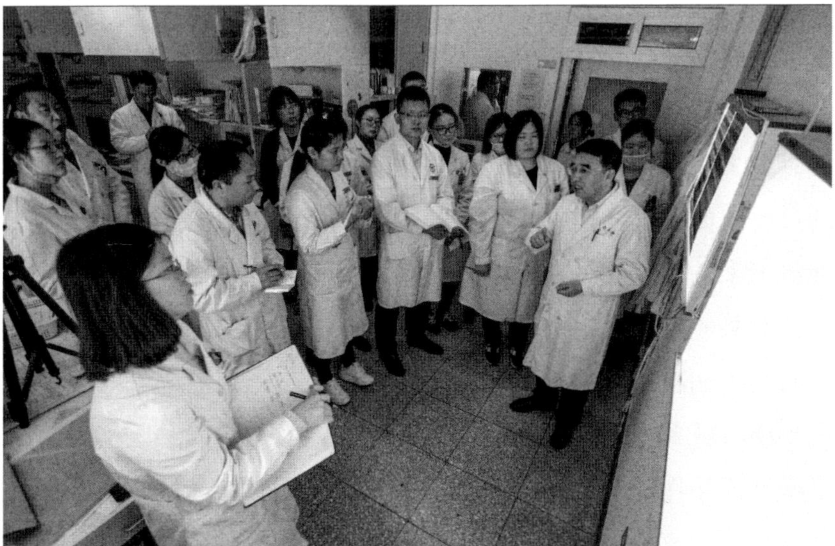

也就是现在的太太先在回龙观租一个小院子，父亲在原单位办理了离休，走之前把家里能值钱全部都卖了，带上了所有家当，全家怀着孤注一掷的决心坐上了开往北京的火车，一路颠簸，全家已经疲惫不堪。几趟来回奔波，胡凯文从120斤掉到了94斤。

到北京之后，胡凯文遍寻自己的老师朋友，大家的结论都是一样的，没有办法进行治疗。万般无奈之下，他开始用自己的方法自己为父亲治疗，他放弃了西医“杀死”病毒的做法，开始用一些中医理论知识医治父亲。就这样，胡凯文放弃了出国的打算。药吃了三个月之后，他发觉父亲已经在慢慢好转，半年之后，父亲已经可以骑着三轮车卖货贴补家用。这个时候胡凯文硕士毕业了，他选择留在了东直门医院。

在读博士期间，胡凯文创造了非常重要的发明专利。在医学领域，多药耐药性是导致抗感染药物治疗和肿瘤化疗失败的重要原因之一，就像2010年出现的”超级细菌”也是多药耐药性的一种。美国国立癌症研究院统计表明，约90%的癌症患者的死亡直接或间接与MDR相关，肿瘤化疗耐药导致治疗失败、死亡率增高、医疗费用高昂，所以寻找能够逆转细胞耐药性也成了医学界一直都在攻克的难题。一般情况下，是从有效的方子里寻找是哪个药起到了作用，然后进行一系列的医学实验，但是这样的过程就如同大海捞针，这时胡凯文这个时候想到了一个捷径，他将国家的标准品进行分类，然后根据自己的临床经验，有目的的针对某一类药品进行研究，这就大大缩减了研究的时间。两年的时间，胡凯文几乎都睡在了实验室，裹着军大衣，安好闹钟，两个小时就要观察一次实验有没有进展，就这样与实验室的瓶瓶罐罐日夜相伴，最终胡凯文和团队一起在克服耐药性方面取得了非常丰硕的成果。

“绿色治疗”给患者带来福音

“绿色治疗”其实并不是胡凯文团队一开始就想好了的，这其实是在一点点的探索中产生的。2003年，北京中医药大学东方医院建院不久，德高望重的大外科主任王尧华教授被诊断出晚期肺癌，因为病情严重，老教授昔日的朋友和学生自发组成了专家组，但是情况仍然不容乐观。在探讨治疗方案时，大家考虑教授的症状以及教授本人的意愿，希望能够在“少遭罪”的情况下延长生命，为了控制病灶，才用冷冻消融的方法处理一部分瘤灶，之后辅以中药来改善体质，控制症状。之后三年，教授的病情一直很平稳，这种温和的治疗方式为教授赢得了7年有质量的生活。

说实话，这样的方式是一种违背了多年的治疗理念的方式，但是事实是确实为病人带来了福音。治疗失法，自然不能取效；

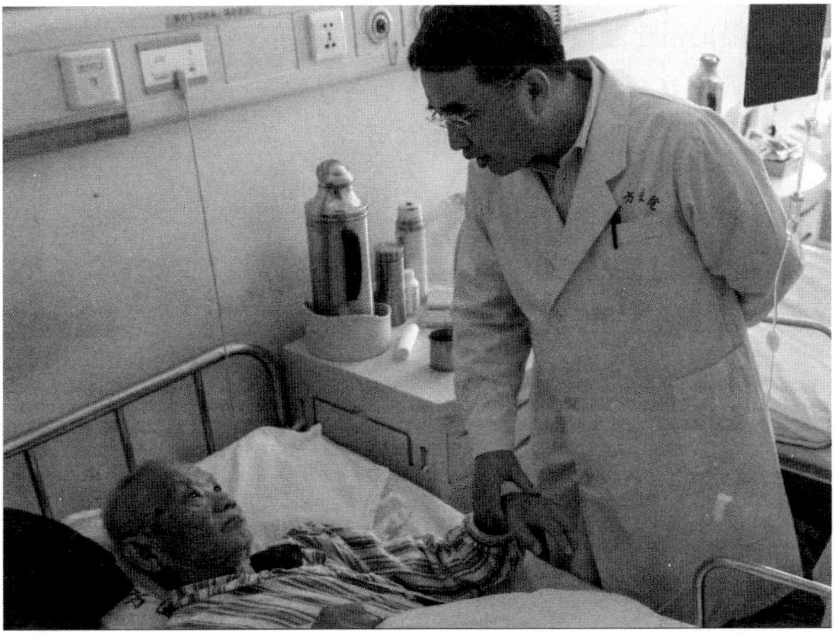

但以去其大半为限、过则失度这样的方式也让胡凯文的团队着实心慌，但是一些肿瘤患者，尤其是一些老年患者听说这种方式之后，都主动要求在选择这种方式治疗，患者们称这种方式叫“绿色治疗”，就这样在经过不断地尝试下，胡凯文和他的团队探索出了“微创＋中药”的方法。后来不断的完善中，形成了在中医药理论的指导下，结合患者具体情况并配合现代诊疗技术等方法治疗肿瘤的模式。

因为肿瘤的治疗过程是一件非常痛苦的事情，病人为了多活一两个月的时间，付出的精力和承受的痛苦非常巨大。为什么病人会害怕肿瘤呢，因为死亡率吗？其实并不尽然，很多人是因为承受不了治疗的痛苦，耗费了积蓄还在痛苦中离开是他们最恐惧的事情。胡凯文常年接触这些患者，深深的知道他们最在意的事情。传统治疗肿瘤的方式是一种很残酷的治疗方式，通俗的来讲，是一种“以暴制暴”的方式，就像在饭馆里打架，虽然打赢了，饭馆里的设施也被毁的差不多了。而老年人有多少能禁得住这样残酷的治疗过程呢，这是在用身体的痛苦换取生命的延长。

中西医在理念上有着明显的差别，西医注重解决问题，遇到肿瘤这种重大疾病，自然采取手术化疗放疗的方式，这也是目前解决问题的最常用的办法，而中国人讲究“福寿双全”，不仅要长寿还要过得幸福，胡凯文经过和很多患者的交流了解到，大多数人更想要的是活的有尊严，在保证基本上的生命质量的前提下，获得寿命的延长。“绿色疗法”就是先用微创的手术将肿瘤控制下来，而不是将它摘除干净，因为完全消灭的同时也会损伤正常的组织器官，而精确的打击主要部分“十去其六、十去其七”，后面再通过中医调理身体，构造不利于肿瘤生长的健康环境，使患者的身体慢慢自己好转，对抗癌细胞，这样才是比较温和的更被一些患者接受的方式。

自从 2002 年胡凯文及其团队提出“绿色疗法”之后，有许许多多的患者为此受益。在胡凯文的从医生涯中印象最深的还要数一个 6 岁的小男孩，年轻时候的胡凯文是一个意气风发的青年，一直崇拜华佗刮骨疗毒的他将这份热情融入到自己的工作中，这个 6 岁的小男孩不幸患上了肾癌，在来到医院之后进行了外科手术，摘除了一个肾。一年半以后，癌症复发了，胡凯文两次为他做了手术，第二次的手术是在北京做的。长时间病痛的折磨让这个 6 岁小男孩的身心都受到了打击，不停地哭闹，胡凯文听孩子的母亲说他特别喜欢打游戏，这让胡凯文萌生了一个有意思的主意。胡凯文到医院外边买了个游戏机，让孩子边打游戏边做手术。如此新奇的方法还吸引来了电视台的采访，摄像机全程跟拍，在众多双眼睛注视下，历时一个多小时，胡凯文完美的完成了手术。

动静相宜，心态乐观又严格自律

在大众的想象中，医生一直是一个不苟言笑的人，每天面对病痛，面对生死，好像很难乐观起来，其实并不是这样。带给人伤痛的并不是医院，而是疾病，给人带来希望才是医生存在的意义。所以正因为身心都太辛苦了，医生所带来的希望光环才更加闪耀。在病房里，胡凯文是为患者着想的妙手回春的大夫，在和学生的交流中，他又是严厉的老师。胡凯文总是能以通俗易懂的原理解释清楚医学上晦涩难懂的理论，总是能用轻松的语调带给患者生的希望。

胡凯文经常用林黛玉作比喻，在医学里患者的体质是最重要的，医生的决策时第二位，医生的技术水平是第三位的。以林黛玉虚弱的体质，医生很难有办法使她像正常人一样健康，只能尽量维持她的寿命，但是如果都像刘姥姥一样，那医生就好办多了，因为她的体质更为强健，我们中医做的就是使她的体质变得健康起来，而不是只针对于病症。这样的比喻听起来浅显易懂，既讲明了道理又活跃了气氛。

胡凯文受邀在哈佛讲座的时候，因为中西医观念的差异，国外的学者对胡凯文的讲座表现浓厚的兴趣，追问胡凯文“你们是不是不需要外科手术了”。胡凯文开玩笑说：“我们中医最厉害的外科大夫就是扁鹊，是我的同事，他只是没来这里进修，所以你们不认识他。” 在几年前，在胡凯文团队刚刚开始做微创手术的时候，有一个患者找到胡凯文，希望可以解决这三四年一直困扰自己的面部肿瘤，当时这位患者已经几年都带着像养蜂人一样的面纱生活了，面部的巨大肿瘤将眼球都挤到突出，连家人看到都觉得有些骇人。这位退休的老干部笑称，只要能把这头纱摘了，我就请你去全国各地旅游。为这位患者一共进行了四次手术，第二次手术之后，患者的面部基本上恢复到正常样子，可以揭开面纱了。到第四次手术结束的时候，患者已经跟正常人无异。后来等到再碰到这个患者的时候，同事开玩笑说，“什么时候出去旅游啊”，老先生哈哈一笑，众人也跟着笑起来。

医生的作息因为忙碌的工作不能按照正常的进行，这就形成一个非常有意思的现象，医生们每天告诫人们要养成良好的作息时间，要有规律的休息，不要熬夜，但是自己却很难做到。胡凯文对此倒是习以为常，既然从事的是这份职业，没有规律的作息，就要想其他办法保持自己年轻健康的状态。从这么多年的工作中，胡凯文渐渐摸索到自己独有的一套养生哲学。

比如每天早上他会以蹲姿靠在墙边，背部挺直，靠墙一分钟。看似简单的动作，其实锻炼的是全身的肌肉，就像有些人早起打坐一样，安静思考一会，身心都会像被唤醒一样，然后投入一天忙碌的工作。虽然动作简单，但是每天坚持却不容易，胡凯文一直保持着这样的锻炼热情，用自己的三三两两的空闲时间来保持自己的身心健康。

同时，没有规律的作息同样也需要家庭更多的包容与支持，繁忙的工作内容没有家人的理解支持肯定不会如此的顺利，可能因为妻子是护士，同样都是一个个工作环境，互相之间也就多了很多理解和包容，这么多年来，胡凯文从来没有为家里的琐事影响工作的精力，所有的一切被妻子打理的井井有条，让他没有任何后顾之忧。

开发区的“后勤保障”

北京中医药大学东方医院南院区，位于北京经济技术开发区，建筑面积 2.6 万平方米，是北京中医药大学东方医院、北京经济技术开发区管理委员会和北京市大兴区卫生和计划生育委员会合作开办的国家级三级甲等中医医院分院区。假如将高新技术人才比作跑车的话，那这家医院就是保养汽车的 4s 店。

北京经济技术开发区汇集了众多的五百强企业，高新技术是这里的骄傲，但是，医疗作为基础建设却一直是缺乏的，正是因为这样，开发区投资建设了北京中医药大学东方医院的南院区。在这里，胡凯文主要负责治疗一些疑难杂症，曾经有患者问他主要治疗什么疾病，胡凯文总结了一句话，非常经典，“你哪里不爽我就治哪里，我的目的就是把你治爽了”。因为一个疾病往往不是只影响这个人自己，而是拖累整个家庭，成为社会的负担，所以一定要将潜在高风险人群挑出来，提早发现提早治疗。对于一些亚健康的人群，则可以进行身体的调理，让他们“吃得香，睡得好”。

在开发区，科技人才也有科技人才的问题。其中有一个患者，看上去并没有什么大碍，进门坐下之后，说自己已经多少年没睡过一个好觉了，每天都在失眠。胡凯文多年来一直攻克的都是肿瘤这个方向,但是来到了开发区就是要负责这里的所有健康问题，而不仅仅是肿瘤这种重大疾病。而且从中医角度来说，辨证论治，长期这种看似并不严重的问题往往更加折磨人的身心健康，造成免疫力低下，免疫力低下了，各种疾病也就找上门来。所以治疗“疑难杂症”也是在排除更大的疾病的风险。这个病人复诊的时候，满满的感谢溢于言表，之前失眠非常严重，而现在睡眠质量非常好，深度睡眠时间也很长，从来没有睡得如此踏实，失眠的问题得到了非常有效的改变。

中医辨证施治，可能正是由于这种天然优势，使得胡凯文无论是在癌症领域还是在解决这些“小毛病”上都得心应手。

企业家感言

治疗的目的是为了让患者活的更有质量，而不是用痛苦来换取生命的延长，“福寿双全”才是我们中国人自己的人生哲学。

为病人着想，站在病人的角度上思考问题，医者不止医身，更要医心。

汉斯：

国际顶级人工智能技术与中国企业的融合

企业家小传

汉斯·乌思克尔特（HansUszkoreit），德国人，欧洲科学院院士，世界顶级自然语言处理领域科学家、人工智能专家，现任北京深知无限人工智能科技有限公司首席科学家。柏林工业大学语言学、计算机学学士，德克萨斯大学奥斯汀分校语言学硕士、博士，先后任斯坦福大学社会与行为科学高级研究所、斯坦福大学语言和信息研究中心、IBM 德国科学部、德国人工智能研究中心研究员。2012 年获谷歌学术研究奖，2013 年获谷歌重点研究奖。柏林工业大学荣誉教授、国际计算机语言学委员会（ICCL）终身成员、欧洲卓越精英多语言信息联盟（META-NET）名誉主席、国际逻辑、语言和信息协会主席。

汉 斯
阴和俊

中德人工智能技术转让协议签约
for semantic

2018年5月19日至20日，2018全球人工智能技术大会在北京召开，全球业界顶尖领袖、知名专家齐聚盛会，共同探讨如何在AI浪潮中不断更新观念、深度认知、融合应用，积极拥抱AI科技时代的到来。在这次会议中，一位精神矍铄的德国科学家格外引人关注，他是此次大会主席之一，在大会中做了题为“工业应用的自然语言理解和结构化知识”的主题演讲。

这位德国科学家就是欧洲科学院院士、北京深知无限人工智能科技有限公司（AITC）首席科学家汉斯·乌思克尔特先生。他于2017年5月来到中国北京北京经济技术开发区创业，期间积极参与各项国际交流与技术推广活动，已经成为中国AI浪潮中不可或缺的一份子。

汉斯先生领衔的北京深知无限人工智能研究院（AITC）致力于对接不同中国企业，运用各种人工智能技术，落地在具体应用场景下，助力企业升级转型。对于大量期待着AI赋能的企业而言，汉斯就如同一名电影武术指导。一名出色的武术指导，需要掌握各门各派武术精髓，然后充分运用毕生绝学，根据不同的演员能力、迥异的电影风格，设计出精彩招式，成就影片的卓越。

皇冠上的明珠

谈及人工智能，对于大众而言，“自然语言处理”不如“大数据”“机器学习”这样的术语耳熟能详。然而，科学界普遍认为，自然语言技术是人工智能（AI）技术皇冠上的明珠，向来有“得自然语言者得人工智能天下”一说。

汉斯·乌思克尔特是当今世界自然语言处理领域的顶级科学家之一。在自然语言处理领域的常年深耕，使得其对于人类语言及知识加工有着透彻的洞察力及坚实的理论基础。早在第一次接触 AI 研究时，汉斯就明确感到并且深信，以往的积累将在未来 AI 中发挥核心作用。

汉斯本科在柏林工业大学攻读语言学和计算机学，这是两个没有任何课程交叉的学科，需得到校长的特别许可才可以同时攻读。回想起来，汉斯认为这是一个很好的决定。在语言学和计算机科学领域，他都遇到了非常优秀的教师，虽然辛苦但是兴致勃勃。汉斯原本想成为一名记者，他读书的同时兼职做记者，给杂志写文章，和同学们一起向银行贷款创办公司，经营自己的杂志《Zitty》。

为了更好地完成新闻采写报道工作，汉斯努力在不牺牲真相的情况下为读者的快乐而写作。他尽量避免自己精确、学术化的语言习惯，在不经意间将注意力聚焦到语言、文字本身，对于人类语言的力量和奇迹产生了兴趣。于是，他选择到美国的德克萨斯大学奥斯汀分校攻读语言学，那里有非常好的形式语言学课程，特别是形式语法和逻辑语义学，正是汉斯当时感兴趣的。

德克萨斯大学奥斯汀分校读书期间，汉斯专心语言学学术研究，用心在一些深层次科学问题上，主要集中在形式语法和语义方面，关注与人类认知相关的语言性质和功能，撰写了大量高规格学术著作。同时，汉斯参与了由德国西门子公司出资建立的，早期的大型机器翻译项目“METAL”，他将自己的学术研究应用到机器翻译的实际工作中。他欣喜地感受到跨专业教育给自己带来的认知广度，以及跨学科方法给工作带来的卓越解决之道。在德国和美国学习期间他还选修了哲学课程，主要是语言和知识哲学。

也正是在奥斯汀，汉斯接触到很好的人工智能课程，他以往一切的交叉学习、潜心研究，恰恰都能在在 AI 领域大放异彩。

1981 年 6 月，汉斯进入斯坦福大学社会与行为科学高级研究所，做了一年研究助理，期间两个博士论文顾问带着他加入了一个一年期的研究形式语义学小组，这个小组汇集了几位世界上顶尖的语义学学者。汉斯回想，那一年这个小组的所有人以及整个形式语义学领域都发生了很大变化。在斯坦福大学，汉斯撰写的论文得到斯隆基金会认知科学项目的支持，他得以参加这个项目的每周会议和头脑风暴会议。

1982 年 7 月，汉斯再次与斯坦福大学结缘，以一名资深研究员的身份进入语言和信息研究中心（CSLI）工作，在这个时期，汉斯与许多最著名的形式和计算语言学、语言和信息哲学科学家合作，受到了乔恩·麦卡锡（JohnMcCarthy，计算机科学家与认知科学家，被称为“人工智能之父”，1971 年图灵奖得主）以及特里·威诺格拉德（TerryWinograd，斯坦福大学计算机学教授，SIGCHI 终身研究奖，谷歌创始人拉里·佩奇恩师）、乔恩·巴威斯（JonBarwise，美国数学家、哲学家、逻辑学家，“情境语义学”创建人之一）等学者的影响。

AI 深耕三十载

斯坦福大学人工智能实验室是美国的顶级 AI 研究实验室，也是世界人工智能技术主要发源地之一，汉斯在这里工作期间一直想在欧洲建立类似的实验室，曾在德国建立两个网站，并逐步扩大到五个网站、近 1000 名研究人员。

1988 年，德国人工智能研究中心（DFKI）创立，DFKI 是目前世界上最大的人工智能学术非营利研究机构。

DFKI 创立伊始，汉斯就加入其中。多年来他领导的 DFKI 柏林分所在自然语言处理、大数据领域处于世界前沿，并多次获得 Google 学术奖。在 DFKI 存在一个广泛认识，人工智能的发展背后有两个主要推动力：一是创造能做事情的机器，人们只能利用他们的人类智力。二是使用算法来创建真正模拟人类智能的机器。DFKI 的任务一直是应用导向的基础研究和应用研究，汉斯团队的研究集中在第一个方面，即创造利用人类智力做事情的机器，但也曾尝试利用人类认知过程的模型去创建真正模拟人类智能的机器。汉斯认为，研究人类认知过程有两个原因：一是因为在没有人工智能的情况下，人类的智能是唯一能知道和观察的智能。二是即使机器智能的工作方式与人类心智的机制完全不同，机器的智慧也必须为人类的智慧服务，这种服务要通过增强人类智慧的方式实现。为了让人工智能与其人类主人成功合作，就需要更好地了解人类智力的能力和局限性。用户不关心 AI 产品使用的内部机制，只要它是有用的、合作的和使用起来愉快的就可以。

先后在美国斯坦福工作八年，在 DFKI 工作近 30 年，汉斯先生领导的团队在自然语言处理技术领域取得累累硕果，其个人也成为世界顶级自然语言处理领域科学家，欧洲乃至世界公认的人工智能领军人物之一。

在专注学术研究的同时，汉斯先生始终关注世界各国对于 AI 的研究与应用，有着清晰的行业认知及国际视野。在汉斯看来，中国的 AI 研究强劲有力，特别是在一些中心领域的当代研究相当成功，如计算机视觉、机器人部件、自动驾驶、预测数据分析和中文语音产品等。中国善于将研究成果快速产出，进行有效的商业转化。而德国的研究没有有效的产品化机制，相比美国和中国，德国尖端市场和早期尝试者市场太小。

在德国的研究中，中国可以学习其广度和深度。广度意味着覆盖所有认知领域的和建模，AI 在德国的研究涵盖了许多领域，虽然其中许多领域并不能带来快速成功，但它们是未来应用所需要的，如规划、深度推理和深度知识展示方式。深度意味着对认知过程的深刻理解，这就要求对人类语言、图片和电影属性、人类论证机制等进行透彻的理解，以及对用来描述和模拟这些过程的数学模型的属性的扎实理解。通常，新的洞察力来自德国，比如统计机器翻译、自主驾驶、深层神经网络体系结构等方面的突破，但这些洞察力后来却在美国实现商业化。

然而当谈到商业化的时候，汉斯认为，中国可以从德国借鉴一个很重要的方面，就是人工智能对传统产业的渗透。在美国和中国，互联网、娱乐和电子商务行业都是成功的，但在德国却不怎么成功。它们构成了 AI 解决方案的第一个市场。然而，德国有强大的制造业部门，如汽车、工具机械、化学工业。在工业 4.0 愿景的启发下，这些行业正在部署 AI 来改造他们的生产设施及其产品。中国同样拥有强大的制造业，在全球出口，德国 AI 解决方案在中国同样需要。

大有可为的中国市场

在汉斯看来，中国市场范围广、经济总量大、对于新技术的接受意愿强烈，在人工智能方面大有可为。当前中国企业的机器人研发大有争先恐后之势，有很好的机会在服务机器人方面成为世界领先水平。学校和学生愿意利用各式各样的新技术，通过个性化教育为广大学生提高教育的有效性和高质量，中国教育领域的 AI 应用拥有一片广阔天地。另外，中国的医疗 AI 也可以取得新的突破，或者更广泛地开发 AI 与健康相关的应用。所有这些机会都要求机器学习与形式化知识更好地结合在一起，这是一个巨大的挑战，也是中国人工智能研究的一个大好机会。

汉斯对于中国一直较为关注，在他很小的时候，他的父亲曾经到过中国，给他带回了很多中国的东西。在汉斯的童年记忆里，有很多中国的书签和照片陪伴，他很喜欢中国，一直对中国有向往。汉斯的妻子也是位中国人，是一位 AI 科学家。而当汉斯真正来到中国时，是因为他感到这里对于他的专业、对于人工智能，正在经历一个很好的时代。对汉斯而言，中国人工智能商业化的诱惑早就存在。多年来，他与中国同事开展了不少合作项目，也听到许多关于北京创业和企业市场的好消息。

2016 年，锋创科技园代表团访问 DFKI，代表团由锋创老总张寒燕女士带队，汉斯先生与其建立了联系。2017 年 3 月汉斯第一次访问北京经济技术开发区，他更加实在真切地看到商业化人工智能工业应用在北京的巨大潜力。

2017 年 5 月 17 日，由欧洲科学院院士、德国人工智能研究中心（DFKI）柏林所所长汉斯·乌思克尔特（HansUszkoreit）博士担任院长的北京深知无限人工智能研究院（AITC）正式落户北京经济技术开发区亦庄锋创科技园。汉斯由此开启了他在开发区的“创业”生涯。当初，带团访问 DFKI 的张寒燕女士成为他的商业伙伴。 汉斯说，做了太长时间的研发工作，他的兴趣点发生了转变，他接下来要做的是把技术转化到真实生活中。结合以往的经验与积累，汉斯把目前的研究、应用开发重点放在企业智能解决方案上。

尽管早有准备，但是真的来到北京后，汉斯仍然不禁感叹“中国的市场真的很大”，汉斯来到北京的第一周就见了四十多个客户，有合作意向的客户非常多。创业一年多来，汉斯先生和他的团队开展了很多工作：

引进来自德国人工智能研究中心（DFKI）的 SPREE 大数据分析引擎，搭建人工智能核心共性技术平台，组建研发团队与北京大学计算机研究所合作，共同将平台本地化。

与清华大学、北京大学计算机科学研究所、中科院自动化研究所等高校建立紧密的学术交流，共同研发项目。汉斯本人积极参与各种国际交流与技术推广活动，促成北京经济技术开发区（BDA）与德国人工智能研究中心（DFKI）战略合作，被聘请为由工信部发起的中国人工智能产业创新联盟（CAIA）专家委员会主任委员。目前，汉斯院士已收到多家学术机构、高校邀请，并开展合作项目。

同时，AITC 取得了实实在在的商业成就。在北京经济技术开发区管委会、中关村管委会的支持下，AITC 多次举办人工智能技术产业合作交流会，全年累计与 103 家企业进行对接，包括京东集团、联想集团、哈工大机器人集团等北京市重点人工智能企业。AITC 所在的锋创科技园通过汉斯团队输出做技术，赋能人工智能给创业团队，并由锋创集团直投，充分发挥技术转化的平台效应。目前，已成功孵化北京深度智

耀、沈阳小牛雅译、北京智豹科技等三家 AI+ 创新企业。

北京深知无限人工智能研究院（AITC）董事长张寒燕女士说，汉斯来到开发区后，管委会给 AITC 的对接企业多达 100 余家，这种执行力是在以往任何其他区域、产业，所不曾获得过的支持。AITC 一定不会辜负这份支持与信任，大力发挥 AI 技术优势，为开发区园区造福，为合作企业的升级、为“中国制造 2025”提供实实在在的贡献。

深刻的思考与轻松的日常

毋庸置疑，人工智能正在给每个人的生活带来影响。当人们兴致勃勃地谈论 AI，对于它所塑造的未来激情澎湃时，又难免带上忧虑。人工智能将带领我们走向何处？正面的抑或负面的，积极的还是消极的？其实，这并不是个崭新的话题，不夸张地说，这个话题古已有之：技术对于人类社会的影响究竟是怎样的？

谈到技术与人类的关系，大众往往将它塑造成一个神秘的话题。然而，科学家更习惯于从历史的角度去总结规律，理性地寻找答案。汉斯认为，新技术一定会对我们的生活和我们的价值

体系产生巨大的影响。早期的技术革命，如农业的开始、书写系统的发明、印刷、蒸汽动力和电力的工业化，都给文化带来了巨大的变革。农业产业化的开始带来生产自动化。第一次数字化变革，带来仍然需要人力的服务自动化。那时候，疏远和匿名增加。当一个人在网络上订购货物、预订航班或更改移动供应商时，这些公司中的任何人都不会亲自了解客户的喜好和需要，客户也不会去了解这些公司的员工。第二波数字化变革，智能数据的浪潮和 AI 增强服务将带来个性化的全自动化服务。现在，这些服务将了解更多客户信息，而不是靠人力发现。那么，客户可以在不完全疏远的情况下保有个人隐私。这些都会给日常生活以及由此产生的思考带来变化。

具体到 AI，汉斯认为，如果我们以正确的方式使用 AI，它将帮助我们更好地融入复杂的世界与社会。在传说和童话中，只有英雄被授予权利，向无所不知的圣人寻问三个问题。然而，在我们推进由 AI 支持的知识社会中，每一个男人、女人或孩子都能在任何时间、任何地点，基于任何原因得到丰富的知识资源。互联网已经成为所有已经形成的知识的容器，同时也是数据的巨大记忆库，从中可以获得更多的知识和信息。孩子们将能够与周围的事物交谈，他们可以无数次询问每件家具的名字、颜色和材料。个性化智能医学将把最新的医学知识应用到个人身体状况。在财政、旅游、教育、法律和娱乐等各个方面，都将有个性化援助。而这一切的实现，人类只需要使用自己的固有语言去交流。

对于技术，汉斯有着深刻的思考。对于日常生活，他有着轻松的方式。目前，汉斯长期居住在北京，他很喜欢这里的生活，在他看来这个城市大且多样，充满了反差。工作之余，汉斯不断地探索新的领域、景点和邻里，与新老朋友交往。总是充满着丰富想象力的汉斯说，如果拥有一架带北京车牌的小型电动直升机，我会很想居住在一个繁华的历史胡同里的现代化的四合院里。汉斯希望自己充分体会北京灿烂的文化生活，他在这里看展览、听音乐会和现代中国音乐剧。他喜欢中国菜，一直在发现好餐馆。对于汉斯而言，完美的一天开始于一道欧式早餐，然后午餐和晚餐都吃中餐。汉斯说，虽然我已经看到了北京相当多的面向，但这也只是北京很小的一部分。汉斯说的没错，如果要完全适应北京这个城市，或许需要几十年的时间，但是汉斯已经找到了家的感觉。最近，汉斯拿到了中国驾照，可以在周末探索这个新“家”的更多新地方。

➢企业家感言

中国北京在全球人工智能技术发展的趋势下，具有巨大的地缘优势，这些优势体现在市场环境和产业聚集、人才聚集、政策聚集等三个方面，这也是我选择在中国北京创建深知无限人工智能研究院（AITC）的原因。

在德国，每个人都知道 DFKI（德国人工智能研究中心），DFKI 孵化出来的子公司超过 80 家，但是这些公司在成长过程中，通常会被美国或德国的大公司收购，这是很正常的事情。然而，在中国很多孵化的公司都能够真正发展起来，直到最终上市，所以中国跟德国的情况不太一样，我希望深知无限研究院（AITC）能够孵化 20 家公司，这就足够了，如果其中有 4 个公司是非常大的，那就更好了。当然，实际的成果可能比这个希望要更厉害。

AITC 是我在德国本土文化之外的第一次创业，在世界上规模最大、最具活力的社会创办一家高科技公司，是一次真正的冒险，我非常感谢我的合作伙伴和团队，以及开发区管委会给予我们的极大支持。对于此项事业，我充满信心。

师锦刚：十年辛苦一口甜

企业家小传

师锦刚，男，1967年出生于陕西韩城，北京化工大学化学工程专业硕士。现任伊比西（北京）植物药物技术有限公司总经理。他在1997年至1998年间，国内首创开发出用超临界CO2萃取美国棕榈果提取物和溶剂萃取非洲刺李提取物，用于治疗前列腺炎的保健品原料，开发出蓝莓提取物，用于治疗老年眼睛黄斑变性，全球累计实现销售额超过5亿美元。正在开发天然植物来源的可降解聚合新材料和新甜味剂等；并建立涵盖基因工程、生物医药、植物组织培养等领域的创新平台，实现跨行业合作。

Aromatize
Your Drinks
Aromatize
Your Drinks

酸甜苦辣咸，五味之中甜味是最能给人愉悦的味道，也是人们一生之中最不能排斥的味道。科学家告诉我们，甜食会促使人的大脑产生一种化学物质叫脑啡肽，能帮助我们抚平情绪，产生快乐和幸福的感觉。这就解释了为什么这么多人，尤其是女孩子，热衷于甜食的原因。可是，如果你正在节食瘦身，或者是血糖偏高的人群，不得不逃离这甜蜜的诱惑时，人生会少了很多乐趣。

在北京经济技术开发区，有这样一家企业，他们以甜叶菊为原料，生产天然甜味剂，既满足了人们对甜味的需求，又保障了身体的健康。师锦刚，伊比西（北京）植物药物技术有限公司总经理。为了这甜蜜的事业，他奋斗了整整十年。

初涉外贸

1983 年，师锦刚从陕西考入北京化工大学，那年他 16 岁。在大学期间，他的学习成绩门门名列前茅，是班里的学霸。1987 年毕业时，以优异的成绩保送攻读研究生。研究生毕业之后，师锦刚和大多数同学一样，进入国企工作。随后又在 1991 年进入伊比西公司北京代表处。那时的伊比西还是一家化工贸易公司。

在师锦刚的潜意识里，一直认为做生意应该圆滑事故、八面玲珑，而作为“直肠子”的陕西人，不善交际一直是他自认为很难补齐的“短板”。为此，他一度想放弃在伊比西的工作去国外读博士，继续做化工方面的研究。那时，师锦刚的理想是能专心做研究，成为像爱因斯坦一样的科学家。

上世纪90年代，是国际贸易从业者的黄金时代。“国营+专营”的经营方式，没有互联网和手机的加持，从事国际贸易的企业每年的利润都非常可观。当时的伊比西主营精细化工品，合作企业包括意大利的兰迪齐、印度的高洁等等。也正是因为通讯和网络不够发达，师锦刚获得了很多与外企高管直接交流的机会。随着工作的推进，师锦刚发现自己的贸易对象多数是德国人、意大利人，这些企业诚实守信、言出必行的工作作风给他留下了深刻的印象。德国人的严谨、日本人的认真——融入了师锦刚之后的经营之中。时至今日，伊比西已经成为在天然保健品、色素、甜味剂、和化妆品添加剂领域创新的领军企业，被业界公认为是全球该领域最具创新的公司之一，申请国内外专利200余件。师锦刚仍然觉得，自己做好一家企业的初衷来源于早年接触的这些外企的企业家们，他至今把这些企业家视为自己人生和事业的导师。

无问西东

1994年，国内对于外贸企业的限制逐步放开，运行多年的低买高卖不再具有优势。而随着互联网在国内的普及，精细化工品的价格也越来越透明，企业的利润也在不断收窄。

师锦刚开始有了企业转型的想法，但是他并不想放弃在化工领域多年的积累，而是想在原有的基础上想做点对客户、对行业有价值的事情。但行前路，无问西东。就是在这样的信念支持下，师锦刚带领着伊比西盯住客户的需求，把追求经济利益放在第二位，开始了转型之路。现代管理学之父彼得·德鲁克的思想深深地影响了师锦刚。别人都在问："我如何成功？" 彼得·德鲁克在问"我如何贡献？" 别人追问："我怎么做才能使自己有价值？" 彼得·德鲁克在问："我怎么做才能对别人有价值？"

1995 开始，伊比西开始在中药提取物领域不断发力。公司最早经营的产品是甘草提取物，用于烟草的过滤嘴，增加甜味。1997 年开始进口原产于美国佛罗里达州的棕榈果原料，自主开发出用超临界 CO2 萃取棕榈果提取物和溶剂萃取非洲刺李提取物，用于治疗前列腺炎的保健品原料，产品出口美国、日本等多个国家和地区。2002 年左右，伊比西成为国内第一家研发并实现鬼子姜（菊粉）产业化的企业，随后又实现了从番茄汁中提取番茄红素的产业化应用。

1999 年，受奥地利红牛公司委托，开发出环保节能高效型淀粉来源的肝泰乐工艺，并转让给安徽富博化工制药有限公司等企业，全球累计实现销售额超过 4.5 亿美元。2002 年，受德国熊牌公司委托，开发出替代铅系的环保型塑料热稳定剂，并转让给天津茂森化工有限公司，累计实现全球销售额 4 亿元人民币。

2013 年，世界首创水溶性结晶体系列天然色素及水溶性色素变油可分散产品，可用于奶制品；2014 年，筛选出植物来源的活性成分，用于增强记忆，治疗老年痴呆症，产品经临床验证，效果显著；2015 年，国内首创开发用于诊断试剂用的天然植物来源的荧光材料并实现销售；与羊绒制品龙头企业合作，开发出可食用型天然色素用于儿童服装、羊绒内衣等纺织品，实现销售。

食品工业中，除了添加剂，色素的使用最为广泛。诱人的红色、清新的蓝色、淡雅的绿色……这些丰富的色彩背后是胭脂虫红、柠檬黄、日落黄等一系列的化学合成色素。低廉的成本，只需很少的用量就可以渲染出持久又鲜艳的色彩。在人工色素大行其道的几十年里，科学研究也发现，过量摄入某些色素会引起儿童多动症等诸多风险。在欧洲，已经通过立法的方式限制人工色素的使用。于是不少企业开始投身于天然色素的提取研发中。伊比西看中了这一行业风口，也开始进行科技攻关。经过持续不断的投入，先后研发出酸稳定性蓝，并成功复配出绿色。

象牙果，原产于厄瓜多尔和哥伦比亚，因为色泽洁白近似象牙而得名。最初，象牙果只是用作装饰品。后来，科学家研究发现象牙果中富含的某种成分可以治疗妇科疾病，于是想通过多种方式萃取有效成分。师锦刚带领着伊比西的科研团队最初也是朝着这个方向努力。可经历过无数次的失败之后，师锦刚发现象牙果中的这种有效成分很难提取。但是在研究中他意外发现，象牙果本身虽然质地坚硬，但是粉碎之后在显微镜下可以发现很多小孔，粉碎之后的象牙果也可以轻易染色。师锦刚联想到化妆品行业最为常用的磨砂膏。磨砂膏中的磨砂颗粒最初采用的是塑料粒子，后来改用很难染色的坚果或细沙。他还发现，象牙果碱解之后可以做滑石粉替代物吸水吸油强，可以替代钛白粉，成为天然的美白剂。于是，伊比西对象牙果的研究从萃取原料变成了化妆品原料，可谓独辟蹊径。

像这样的故事还有很多，师锦刚把这些无心插柳的成就归功于早年的化工贸易经历。正是这些丰富的经历让他不受束缚，没有条条框框的约束。因此在进行产品研发时更容易从全新的角度思考问题。在他看来，化学领域涵盖的内容非常广泛，还有很多未知的东西值得终生探索。

苦尽甘来

食品饮料工业能够在近几十年间得到飞速发展，各种添加剂，特别是甜味剂可谓功不可没。然而最近十余年间，随着科技的进步和社会的高速发展，人们对甜味剂提出了更高的要求，除了要满足人们“嗜甜”的需求外，安全、健康也被越来越多的消费者所看重。

科学研究表示，人对甜味是有记忆的。但是很多人或是因

为需要，或是因为疾病，不能食用蔗糖、果糖等。于是，合成甜味剂开始逐渐盛行。最早使用的是糖精钠，上世纪 70 年代由于安全性等原因，糖精钠被美国 FDA 禁止使用。随后又出现了第二代合成甜味剂阿斯巴甜、安赛蜜，以及被称为第三代合成甜味剂的三氯蔗糖。与蔗糖相比合成甜味剂的好处在于不进入人体代谢体系，不会引起发胖，并且甜度高，有利于降低生产成本。但与此同时，合成甜味剂也存在着潜在的健康隐患和环境威胁。各种有关于合成甜味剂的安全、健康质疑屡见报端，而且一些合成甜味剂由于不易降解给环境带来的负面影响也在被越来越多的国家所重视。

甜叶菊是一种多年生菊科草本植物，叶片中含有菊糖苷，其甜度为蔗糖的 150 倍至 300 倍，是一种极好的天然甜味剂，也是食品及药品工业的原料之一。 国外已用来代替糖精做低热食品，不但无副作用，而且能治疗某些疾病，如治糖尿病，降血压，

对肥胖症、心脏病、龋齿等也有疗效，并有促进新陈代谢，强健身体的作用。

最早的甜菊糖生产工艺比较简单，这一阶段的产品主要以粗提物为主。当时甜菊糖在亚洲日韩等国主要用来腌渍小菜，因此对甜菊糖口感的要求并没有那么严格。并且东南亚地区普遍认为“苦”的就是对身体好的，而甜菊糖略带苦涩的口感并不会带来多大的影响。而随着研究的继续，人们对甜菊糖起甜物质组分进行了深入研究，并将其中的起甜组分统称为甜菊糖甙。2008年起，人们规定总甙大于95%的就是合格产品，但是其口味仍然不是很令人满意。之后，人们发现在甜菊糖甙九个有效成分里，RA是最甜的，因此业界把RA也纳入了评判产品优劣的标准，规定总甙大于95%，RA＞60的即为优良品。将RA提高到97后，甜菊糖的口感比粗提物好很多，但依然存在起甜慢、后苦味和口味缠绕的问题。针对这些问题，伊比西筛选了80种甜菊糖甙里的优质成分，进行合理的产品设计，从而基本克服了传统甜菊糖产品起甜慢、缠绕和后苦味的问题。

过去很长一段时间，一些企业都是靠规模和低成本制胜，但伊比西一直致力于打造差异化的产品，而研发始终是伊比西发展的核心动力。这句话并不是师锦刚挂在口头上的。以伊比西的北京公司为例，目前员工有50多人，一半的人员都是搞研发的。要知道研发本身就是高投入的，但是投入了多少资金，购买了多少先进仪器设备，盖了怎样的研发中心，这些都不是研发的本质目的，只有真正将研发落到实处，运转起来才能为企业带来发展动力。

伊比西的研发分为两大部分，一部分是基础研究，包括产品和工艺，在北京的研发中心里，伊比西的研发人员始终在不断深入挖掘，寻找新的突破点和解决方案，进而推出创新产品。而且伊比西非常重视知识产权，有独立的知识产权观，有超过200项专利。尽管申请专利的成本非常大，周期也很长，但伊比西既然把研发看成企业发展的核心动力，就坚定不移地做好知识产权工作。另外，由于伊比西拥有丰富的专有知识，可以使公司研发的产品更容易生产，而且成本比较低，这样也有助于精益生产。

除了注重研发和知识产权外，伊比西也十分重视客户体验。以甜菊糖为例，很少有一个产品像甜菊糖一样这么复杂。为了将客户体验服务做到极致，伊比西在基础产品已经完备的基础上，近一步研发怎样在配方上更能贴近客户的应用和需求，为客户量身定制服务方案。鉴于甜菊糖分子本身的复杂性，伊比西通过在全球各地的研发中心和当地有关机构进行合作，为当地的企业提供交钥匙服务，用户只要说明自己想要做什么产品，提供基料，伊比西就能为用户设计出最适合的产品。2008年开始，伊比西在这方面做了很多布局，研发方面更加侧重于口感，力求将产品

做到极致，将客户体验做到极致。

凭借着在天然甜味剂、天然色素领域的不断研究，师锦刚带领着伊比西在食品饮料行业扎下了根。回顾伊比西的发展历程，师锦刚带领着企业实现了“对外贸易（化工贸易）—进料加工（保健品）—食品饮料化妆品（天然添加剂）”的转变。师锦刚希望从化工的角度看天然产物；发现更多有功能的，好功能的天然食材。并把这些食材的优点放大。如今的伊比西已经开展了在天然的麻味等领域的研究。在师锦刚的眼中，希望伊比西能够为全球的食品饮料行业提供“五味”调和。

企业家感言

与优秀企业相比，伊比西在公司治理与组织结构、技术与研发、市场管理等诸多方面仍有很大的距离。我们非常重视知识资本，我们的研究，的确经常累积了知识，但并没有完全创造价值，知识本身并不能自然而然带来价值。只有针对市场需求的，有价值的创新、发明，才对公司发展有价值。

如何才能实现公司的发展？一个字：变。要么颠覆自己，实现持续经营；要么等待别人颠覆自己，导致灭亡。只有那些不断颠覆自己的企业，才能实现永续经营。公司需要成长。成长有很多方式，既需要勇气、远见卓识，也需要谨慎。当今社会可能是最近几十年中所遇到最迷茫的，或最不确定的环境，市场和社会有很多诱惑。就企业而言，EPC 还是个小孩。

做为小孩的 EPC，我们怎样才能做到如何不被陌生人手中一粒一粒糖果所诱惑？你盯的是回报，机会操纵你的欲望，盯着你的本金。所以，正确的发展方向是专注、超前思维、取势，把握行业的发展方向。

保健品介于药品和食品之间，市场比较窄。各国法规限制了创新空间和市场规模，同时也限制了企业成长，目前已出现了天花板。、因此我们的创新应及时进行调整，围绕客户需求，向食品、药品、化妆品等行业延伸，集中精力创造出更多的对人类健康有益的绿色食品添加剂：如天然调味品、天然防腐剂、天然抗氧化剂等等。如果大家看看百事可乐，雀巢的最新战略布局，你就会认同围绕我们核心能力的成长前景非常广阔。

我们的化工品，应围绕对环境保护、对降低碳排放有需的产品进行创新，如完善我们的无铅热稳定剂系列，创造更好的高效催化剂等。

我们是一个小型的国际化程度较高的公司，可持续成长需要我们学习和发扬中国人的勤奋；德国人的精益求精；美国人的想象力；意大利人的创造力。

我们成功靠什么？靠的是我们在利益上多替合作伙伴着想，靠的是我们团队中的每一个人一心一意，认真的工作精神，精益生产和优质服务，靠的是我们的真诚。让我吃惊的是诚实这个最基本的原则在当今社会成了稀缺资源，有很多人可以让一少部分人觉得诚信，但让几乎所有的人认为你诚信，看来不是一件容易的事，我们要保持这样的品德。

我希望未来的伊比西会给员工提供更宽广的舞台，给合作伙伴提供更有价值的平台，为人类社会健康、低碳的生活方式提供更多的有益产品。这就是伊比西的梦想，也是大家共同的梦想。

杨军红：
“光时代”的领军者

企业家小传

杨军红，女，1973年出生。现任北京科益虹源光电技术有限公司总经理。天津大学分析仪器专业学士，清华大学材料工程专业硕士。曾任航材院理化测试研究室副主任，成功建立宝洁—航材院合作实验室。2009年至2013年任国科激光总经理，“神光—Ⅲ”主机装置预放系统项目副总指挥。2013年8月起任国科光电总经理。2016年7月成功组建科益虹源，先后获得国防科技进步奖三等奖1项、中国航空工业科技进步奖二等奖1项、三等奖1项。主持制定和修订十余份国家军用标准、主持制定和修订三十余份航空行业标准、参与两份半导体激光器国家标准的制定工作；发表文章六十余篇，其中第一作者文章10篇。

激光产业高峰论坛
中国 · 长沙

激光是20世纪以来，继原子能、计算机、半导体之后，人类的又一重大发明，被称为“最快的刀”“最准的尺”“最亮的光”。进入到21世纪，激光技术已取得了飞速发展，小到量体裁衣，大到航母飞船，激光技术已经在工业、医疗、信息、军事等多个领域得到了广泛应用。

2018年3月29日，从北京科益虹源光电技术有限公司传来喜讯，由该公司自主研发设计生产的首台高能准分子激光器顺利通过出厂验收。该产品以高质量、低成本的优势，填补了国内在准分子激光技术领域的空白，打破了国外厂家对该技术产品的长期市场垄断。此时，距离科益虹源成立还不到两年时间。这家公司的带头人正是在光电领域浸淫多年的杨军红。

初窥门径

1995年，毕业于天津大学的杨军红进入中航工业航材院621所工作，她最初的工作是做各种航空材料的理化测试。作为1956年建所的老牌研究所，航材院给了杨军红系统学习和成长的空间。

时间在不经意之中跨过了新千年，杨军红也从一名普通的技术人员逐渐成长为研究室的骨干。不到30岁，杨军红就被任命为理化测试研究室副主任,航空行业人员资格鉴定委员会主任，负责研究室规划及日常运营。在初涉领导岗位两年多的时间里，她不仅对研究室的各项建设工作有了初步的想法。更是对质量管理、组织管理倾注了很多的心血，这为她今后的管理工作打下了坚实的基础。

杨军红在航材院的管理岗位虽然职级不高，管理的人员也不多，但却是她个人在管理领域最重要的时期，也是她思考企业战略发展和管理思路的形成期。在这段时间里，尝试了岗位分级考核、人员技能培训等多项管理措施，为研究室和航材院的发展做出了不小的贡献。也正是在她任职期间，一力促成建立了宝洁—航材院合作实验室，把宝洁公司在亚太区的很多重点实验搬到了航材院，使得理化室的科研从基础材料扩展到化工原料，大大开拓了未来的发展路径。

如果按照这个路径发展下去，杨军红未来的路径应该是在

航材领域一路晋升，前途不可限量。然而，就是在大家都非常看好她的时候，杨军红选择谁都不曾想的道路——辞职转行。在杨军红看来，体制内的研究机构固然有很多先天的优势，但是从未来发展的角度看，能够一眼看到几十年之后的自己，这是她所不能接受的。她更希望通过自己的努力奋斗，让未来有更大的改观。

2005 年 1 月，杨军红正式向研究所提出辞职。那时她对自己未来的发展方向还没有明确。按照她自己的想法，一条出路是到大学做研究，同时教书育人；另一条路是转向给设备企业、仪器厂商服务。经过大半年的努力，杨军红终于完成了所有工作的交接，顺利离开了航材院。可是接下来的工作却与她最初的设想迥然不同。

同年7月，杨军红进入雷蒙德（北京）阀门制造有限公司工作，应聘的岗位是总经理助理，分管销售和市场。这家公司是北京市阀门厂改之后的民营企业，从组织架构到管理方式都与国企有很大区别。杨军红觉得虽然是管销售，但还是要熟悉公司的生产和工作流程。于是，在上班第一天，她抱着到生产一线虚心学习的态度，跟着公司总经理到厂区熟悉环境。可是，学习还没开始，多年的管理经验先排上了用场。杨军红只在车间走了一圈，就发现了很多管理漏洞，比如，所有的设备都没有管理标签，设备与设备之间摆放的位置也不够科学，存在很多安全隐患。杨军红发现的问题还没有列举完，总经理就决定：你不用管销售和市场了，专门负责厂区的管理和建设吧。就这样，本想在销售一线干出点门道的杨军红一头扎进工厂，开始了新的奋斗。

在雷蒙德工作的4年多时间里，杨军红不仅把公司在西红门的工厂管理得井井有条，还先后在建设了大兴、山东莱芜、密云等地建起了3个新厂区。2009年底，杨军红离开雷蒙德的时候，她的职位已经做到了雷蒙德国际集团公司常务副总裁，雷蒙德（北京）阀门制造有限公司董事长、总经理。

"神光"梦圆

2009年，一个非常偶然的机会，杨军红接触到了国科激光的管理团队。当时，国科激光也正在寻找一位在管理领域有丰富经验的带头人。经过几次商谈，杨军红决定重回国企，做一名光电领域的管理者。

国科激光是一家老牌国企，早在2002年就开始布局激光器研发和产业化。通过多年的积累，国科激光拥有了12个系列，共计70多款产品。具有代表性的产品主要有：光纤耦合模块、侧泵模块、端泵激光器、皮秒激光器、光纤激光器、万瓦级激光耦合模块等。正因为在该领域领先的技术实力，"神光—Ⅲ"主机装置预放系统项目落在了国科激光头上，而项目的副总指挥正是加入仅仅两个月的杨军红。

"激光惯性约束聚变"是"神光—Ⅲ"的学名，这一项目主要是为了解决人类未来可能面临的能源危机，使用强大的脉冲激光束照射微型靶丸，在瞬间产生极高温度和极大的压力，并维持一定约束时间，实现聚变反应，释放出如同"人造太阳"般的聚变能量。

上世纪80年代，中国工程物理研究院与中科院通过科研合作，共同组建了惯性约束聚变研究团队，并成立了国内第一个惯性约束聚变专业实验室，开展理论、实验、诊断、制靶、驱动器"五位一体"实验。1985年该项研究迎来重大成果，我国首台实现两路光源、千焦耳级出光，并可用于激光约束聚变科研的大功率激光器在中物院诞生，张爱萍将军曾亲自为它命名为"神光"。这就是目前我国神光—Ⅰ、神光—Ⅱ、神光—Ⅲ系列名称的来源。

国科激光承担的就是48套大型复杂激光预放大系统的交付。预防大系统对激光能量的放大倍数是2×10^9，除此之前还要解决光束的质量问题，让激光器发出的光更整齐，这也是神光系统中唯一一个修整光束质量的环节。虽然已经在业内有了丰富的经验，但是如此大型的装置对国科激光的每个人来说都是非常大的挑战。解决能量的放大，放大解决，更整齐。

按照设计要求，激光预防大设备长 7 米，由 2000 多个部件组成。每套设备在运转中都必须实现连续可靠稳定运行，不能经常进行调试和维修。2010 年 2 月，国科激光接受了业内专家的产品首件鉴定，专家们在肯定产品的同时提出，现有的产品还不是成熟的工程产品，在交付之前还需要进一步完善。同年 8 月，杨军红带领国科激光的技术团队远赴四川绵阳，交付首期两套设备。可是经过拆卸和长途运输，明明在北京调试好的设备，在绵阳无法正常运转，这极大地打击了团队的积极性。杨军红深知，工程进行到这一步，科学原理层面的问题已经解决，工程的协调管理才是解决问题的关键。

于是，杨军红带领着团队不断调试装备，在调试过程中又倒推产品的设计和生产。小到一个镜片的卡扣，大到设备的挂架都进行了改进。团队修改的工艺文件数量数以百计。就是在一次次的改进中，设备的生产与交付速度逐渐加快。从最初的半年交付两台到后来一周就能交付一台，截至 2012 年 9 月份，国科激光的设备到达实验现场只需稍加调试就能顺利出光。

杨军红一直认为，做大项目需要一个良好的团队，国科激光的优势在于公司拥有大量的研发人员，并且不断地通过各种项目来吸引和锤炼研发团队。

最终，在所有科研人员的努力下，作为亚洲最大，世界第二大激光装置，神光－Ⅲ主机装置共有 48 束激光，总输出能量为 18 万焦耳，峰值功率高达 60 万亿瓦。2015 年 2 月，神光—Ⅲ主机装置六个束组均实现了基频光 7500 焦、三倍频光 2850 焦的能量输出，激光器主要性能指标均达到了设计要求，这标志着神光－Ⅲ主机基本建成，我国成为继美国国家点火装置后，第二个开展多束组激光惯性约束聚变实验研究的国家。

虹源启航

2012 年由于受经济大环境的影响，激光整个行业并不是很景气，有些国际企业业绩甚至出现了明显下滑。但是对于激光行业的前景，杨军红却充满信心。在她看来，包括鞍山、南京、温州、西安、天津的光电产业，都把目光瞄向光电产业，而且很多重点放在激光上。这段时间，国科激光把市场定位放在多个方面，虽然在工业应用方面受到一定影响，但是 2012 年国科激光业绩总体上依然呈现了非常好的发展势头。

2013 年 8 月，杨军红调任国科光电总经理，开始着手中国科学院光电研究院的科技成果转化与资产管理工作。

2015 年，中科院准备成立一家新公司，专门负责准分子激

光器的科研成果落地，这个重任又落在了杨军红的肩上。科益虹源是国家02重大专项“浸没式曝光光源研制与小批量产品生产能力建设”的成果产业化载体，也是作为“三城一区”科技创新成果转化落地的一个实例。但科益虹源又与以往企业不同，是全新的开始，从公司的注册成立到团队组建，从建立质量管理体系到搭建运营架构都需要系统谋划。这一次，杨军红给公司设立的目标是：实现光源产品化，成为国际上受人尊敬的专业光电技术解决方案提供商。

多年的管理经验让杨军红认识到，未来世界上只有两种业态的公司存在，一种是平台型的公司，以开放、融合为主体；另一种是专业公司。结合科益虹源现在的特点，杨军红把企业的发展方向定为平台型企业。

目前，科益虹源已经推出了三款主营产品，分别是光刻用193纳米准分子激光器、光刻用248纳米准分子激光器以及浸没式193纳米准分子激光器。这家成立不到两年的企业已经掌握了重频4kHz的193纳米准分子

光刻光源的核心技术，并开发出了原理性样机。此类定型光源产品主要用于 90 纳米和 65 纳米以下节点的光刻机，此类光刻机占据主要地位，并在更多 i–Line 升级领域逐渐占领更多市场。随着工业 4.0 的不断推进，更多工业智能领域应用的芯片将由 90 纳米光刻机完成。248 纳米产品的技术基础与 193 纳米具有较强的相关性，技术难度小，开发成本低，周期更快，在腔体设计和光学设计中只需要较小的改动，就可以快速完成产品研制，推向市场。

科益虹源自主研发的准分子激光器主要分为三层，每一层的作用都不尽相同。上层叫做高压脉冲电源（分）系统，它主要是提供激光转化所需的电子能量；中间是关键的光学核心模块，它能够把高压的电能转化成高强度的光能；底下的就是关键的控制模块和一些支撑模块，包括配水、配气等等。它可以说是整台激光器的"大脑"，控制着整台激光器的运作。这台设备下线后将向中国科学院在西南地区规模最大的研究所——中国科学院光电技术研究所提供服务。

科益虹源作为开发区光刻机零部件技术创新中心建设的牵头单位，企业自主研发的准分子激光技术及产品成为国内高水平的专业准分子激光技术解决方案提供商，该项光刻用准分子激光系统打破了美国和日本的长期垄断地位。杨军红带领的团队，也是目前国内惟一一支从事光刻准分子激光的研发团队，现已打破该技术的国际垄断局面，尤其是在国内专利布局上，目前国家在该领域里 70% 的专利都出自这个小团队。

如今，随着科益虹源的发展逐步走向正轨，杨军红又开始谋划企业的未来。她深知公司虽然是依托重大项目建立的，但是只靠项目无法成为市场公司，也没有办法长久发展，因此需要从衍生产品的开发、项目孵化等方面继续着力，整合资源开发产品，提供解决方案，促进技术和效率的升级。

企业家感言

价值观的统一是团队具体自驱力和行动力的基础，也是企业文化的基石，价值观的形成非一朝一夕，但需要有公司明确的主张和行动。

对科益虹源来说，我们对股东、对国家、对专项的承诺就是红线，我们就要朝着这个方向前进，不达目的绝不罢休。企业需要的是时间窗口，必须要学习航天后墙不倒的精神和方法，为开发和生产提供支撑。

融到的是信任，对得起这份信任，就是这份信任能改善投资人和团队之间的关系，形成投资人由衷的想帮助团队，团队也能更多的考虑投资人的感受。我们在一起组成团队，如果你认为靠的是信任，那请继续努力，我们共同珍惜这份信任，如果你不这么认为，那请改变，去争取这份信任。

赵一鸿：

跟随搜索引擎一起成长

企业家小传

1998年8月毕业于美国威斯康星大学，计算机科学博士学位。2008年主持和领导研发的个性化推荐系统是业界第一个基于全文本信息的距离相关性个性化推荐系统，参与研发新一代web搜索系统。2015年底回国，加入京东集团，担任搜索与大数据业务部总负责人职务。

JD.COM

早上起来打开手机推送的新闻，中午在APP上搜索一下附近美食，晚上在网店里逛街，寻找自己需要的物品，虚拟世界已经与我们的现实世界如此紧密的链接到了一起，成为我们习以为常的生活的一部分。我们最熟悉的莫过于各种APP、网店、新闻、聊天，在网络世界里，有一条“高速公路”网，将这些“城堡”链接在一起，把我们需要的讯息以最有效的方式，最快速的呈现在我们面前，那就是搜索与推广引擎。

赵一鸿，就是这条“通道”的建造者之一。

享受创新与前沿

相当于“学霸”而言，赵一鸿更适用一个词，“学者”。虽然赵一鸿也有漂亮的成绩和傲人的成果，但相比结果而言，赵一鸿更享受着研究和优秀的过程，他的脑海里仿佛时时刻刻旋转着一个巨大的算法，将生活百事纳入其中，通过独特的算法来理解并寻找到自己的路径。

80年代，赵一鸿考上了人人欣羡的清华大学，就读水利工程系，然而这并非他心头所好，他更着迷于那些理性数字构建起的算法模型以及它们对现实生活的应用，他很快选择出国留学，前往北卡大学教堂山分校就读应用数学。那时候的中国，计算机还是比较稀罕的存在，但在美国计算机已经成为一门比较成熟的学科，赵一鸿敏锐的抓到了未来的趋向，果断申请了全美数据库最顶尖的威斯康星大学就读数据库方向的计算机博士。

或许会有人觉得学术辛苦，赵一鸿感受到的却是学术创新带来的成就感和快乐。他有幸跟随了一位开明又严谨的导师，导师要求他学术严谨，却不太重视也不太灌注一定要获得怎样的成绩或荣誉，在威斯康辛读博的最后一年，赵一鸿突然对金融数学模型产生了极大的兴趣，告知自己的导师想去进修一个金融数学模型的硕士，导师虽然并不认为金融系会接受赵一鸿，依然给他写了推荐信，结果赵一鸿居然真的被金融系接受，并花了一年的时间修完了金融数学模型硕士。博士硕士同时毕业，一边是计算机算法，一边是金融模型，导师并没有限制或规定赵一鸿一定要走计算机的道路，而是询问他，以后是不是想转行做金融。当时的赵一鸿还真有几分迷惘，告诉导师自己想去试试。导师又毫不芥蒂地将赵一鸿推荐给他华尔街的一个朋友。只不过赵一鸿去华

尔街看了一眼，发现这个地方只是单纯的应用数学模型，并不研究，也不创新，跟他想象中的不一样，并不适合自己，于是回到了计算机方面。

大学时期是塑造和完善一个人思维和世界观的时期，在读博的五年里，赵一鸿幸运地接触到了非常优秀的老师和同学。光数据库专业就有五位获得 ACMfellow 荣誉的教授，这些教授每个人的领域不同，但同样都带领着非常优秀的团队。在整个创新数据库领域中，威斯康星的数据库系持续七年左右一直处于全美 top1 的水平。和一群出色的人一同成长，与聪明人交流学术，给赵一鸿打开了一个宏大的学术视野。优秀的人才环绕，启发性的学术氛围，一直影响着赵一鸿，哪怕他离开大学二十多年，依旧喜欢和聪明人一起合作、探讨、交流，并且坚持地认为在科研上、在事业上，一定要创新，在业界一定要保持一个科技的前沿性。这种治学理念和能力都是在学校期间培养起来的，也一直影响了他的职业生涯。

享受创新带给人的成就与快乐，是赵一鸿在学校里学习中收获的最大价值。这个价值观深深影响到赵一鸿的事业观念，直到现在，他工作多年，依旧享受优秀，享受创新，享受在学术上保持前沿，哪怕他现在已经忙碌到无法亲自学习和研发最先进的算法了，也依然会聘用最优秀的技术人员来维持行业上的前沿性。他在京东所使用的技术和算法，都是世界最前沿的，并且始终保持一个竞争性和应用的实用性。

在博士研究期间，赵一鸿一直保持科研，在数据库和 socialsearch 领域，取得多项突出科研成果，有多篇学术论文发表在国际顶级学术会议，包括 SIGMOD、ICDE、WWW 和 SIGKDD 等。其中一篇论文，论述了如何把多维数据用更好的存储方式存储下来的一个算法。从计算的角度，论述如何用最快的速度，最少的机械资源，最少的时间，把多维立体数据里的计算依次完成。这是当时最先进的一个算法，还被图灵奖获得者 MichaelStonebraker 收录他在的数据库专著（包括了所有数据库里最好的论文）。

跟随搜索引擎一起成长

作为一个计算机行业的研发人员，赵一鸿的事业始终跟随着搜索引擎一同发展。如果将赵一鸿的事业做一个划分的话，也一定是跟随搜索引擎的发展而划分的，从基础搜索到第二代 web 搜索，再到最新的 AI 搜索，搜索引擎一路从机械化走到了智能化，从个性化走到了人性化。搜索引擎走了三大步，赵一鸿的事业也迈出了三大步。

一个优秀的想法如何落实，产品算法沟通，怎么能够想出一个更好的方法，更创意的方法，去解决一个更难的问题。虽然是搜索技术的黄金时代，依旧有大量的创新和很难的问题要去解决。

在大约 20 亿 -200 亿的索引文章中，进行排序、索引，当用户输入一个词的时候，搜索引擎要精准的在这上百亿的文章中寻找到想找的资料，在一分钟之内就要把结果返还给用户，并且这个反馈必须是高度相关的，是用户需要的。其实在当时技术上是有非常大的挑战。从一个数据库中找到东西不难，但是要找的准确，找到相关度高的，并且要让感兴趣的东西要排在前几十位，这在当时条件下，需要对当前技术做非常大的调整，需要用到各种各样的算法。这不是一个人一个算法就可以解决的问题，必须由一个团队，几十个 PST（配置服务目标；即实际执行软件）配合起来。

这是一条荆棘密布的道路，但也是搜索发展的必经之路，赵一鸿他们在 PageRank 算法的基础上，做出了第一个搜索线性模型，这个排序模型比较简单，将数据按照预设规则的顺序排列，比如说用户在搜索汽车的时候，就会按照预设好的顺序，将汽车相关的图片、新闻和品牌依次呈现给用户，之后赵一鸿团队又用大量训练数据，做出了决策树模型，即根据前期的用户反馈预设一些规则，根据预设的算法得出结果。比如之前搜索的汽车，如果用户点击新闻的次数要超过其他两类，算法就会学习到这个内容，将汽车新闻排在前列。这个算法能够帮助用户更快地搜寻到自己想要的内容。

无论算法如何排序，首先算法要知道内容是什么，一开始赵一鸿他们做的算法都是自己提取关键词，然后排序。一个团队的人始终有限，无法处理完庞大的数据，赵一鸿奇思妙想，利用更多的人来给内容提取关键词，这就是之后做出的社交搜索。在社交网络上利用广大用户群体来打标签，赵一鸿做的算法就是把这个人工标签学出来。把这些标签下的内容聚集在一块。然后再添加标签搜索，加深搜索排序，在决策树模型的基础上又延伸了一步。这项算法后来申请了专利。

2008 年的时候，赵一鸿接手带领团队，接着做研发工作。用户在庞大的新闻数据中，并不容易找到自己感兴趣的内容。考虑到用户体验问题，赵一鸿带领团队提炼出新闻的主体，比如明星、体育等等，并且收集用户看过的相关新闻，如果过去用户看的都是某一个主题的新闻，或者某一位明显的新闻，就可以得知用户对某个人或者某件事感兴趣。算法就将这种喜好给学习出来，做出个性化的推荐，推荐到新闻之下的空白地区。这种个性化的推荐在当时还是第一次出现，花费了赵一鸿团队不少的功夫，光算法上就做了多次迭代，但是反馈效果相当不错，到现在还有不少团队在这个基础上进行改版和递进，做出了第二版、第三版的个性化推荐。

回望过去，一路精进不止的赵一鸿还在感慨这个算法的简单，只能做到看到什么内容，就推荐一个相似或者相同的内容，因为紧接其后赵一鸿他们做的推荐系统就已经远远超出了这个成果。不仅可以推荐自己感兴趣的内容，还可以推荐兴趣爱好相同的人阅读过的篇目和文章，更加精准，也更加复杂。

两年后，赵一鸿又参与研发了第二代 web 搜索系统，赵一鸿团队作为核心团队参与其中，在原来搜索汽车的基础上，搜索系统开始猜测用户意图，是修车、买车、购买配件、比价、维修还是保养？搜索呈现的结果会根据猜测意图进行重新排序。这个项目非常大，有做索引的团队，有分析用户意图的团队，有学习意图的团队，赵一鸿团队负责分析用户意图并对根据意图重新排序。

从赵一鸿研发个性化推送开始，赵一鸿就开始了与用户意图打交道的日子，在雅虎如是，在京东亦如是，电商的特殊性决定了用户意图的地位甚至高于商品渠道。常年把握和分析用户意图，这几乎已经成为了一种本能刻在了赵一鸿的脑海里，哪怕脱离网络与算法，赵一鸿也可以清晰地在日常交往中分析出对话方的意图，提交出一个准确的答案。

人生的一段转折

加入京东是赵一鸿人生的一段转折。

在此之前，赵一鸿一直在美国工作，工作环境顺心，生活条件优渥，刚刚拥有两个可爱的孩子，不管从哪个角度想，他都没有回国的理由。但当京东打电话和赵一鸿沟通的时候，他只略微犹豫了一下就接受了。为此他还跟家里进行了长达一月的沟通，所幸的是夫人选择尊重赵一鸿的决定，跟随他回到国内。赵一鸿选择京东，除了深藏于心的爱国之情以外，还因为比较认同京东的文化，更因为当时搜索技术跟硅谷搜索技术有一定的差距，赵一鸿想做出一些事情来，京东可以提供一个一展所长的平台。

在美国工作的时候，赵一鸿虽然也带领团队，但更多的是在做技术研发，到京东之后，真正担任起了管理和领导职责，赵一鸿代码写的少了，算法做的少了，但是需要思考和讨论的东西更多了。他需要不断地提出自己的想法，和自己的团队讨论出解决方案，然后交给其他人去把算法做出来。在这个过程中，赵一鸿还在不断成长，不断学习。

到京东的第一年，赵一鸿还是想着做事情，计划在京东原有技术基础上，把京东大数据重新做一遍。京东本身拥有自己的大数据、搜索团队，但没有推荐算法的团队，赵一鸿来了之后，先招了一批很优秀的做推荐算法的科学家,来主持这方面的工作，把系统、算法、平台都重新构建了一遍。直到现在，赵一鸿依然可以骄傲地宣称京东在这方面的技术水平和业界最好水平非常接近。经过三年努力，大数据已经完全成型，单独成立一个部门，赵一鸿则开始专注于搜索和推荐。在 2018 年末开始启动第三代搜索深度学习，2019 年完成搜索和推荐全面启动上线，为京东创造出更大价值。

赵一鸿在美国的时候做的是新闻方面的搜索和推广，但京东是一家电商公司，加入京东以来，赵一鸿在工作学习中逐渐感受到自己面临最大的挑战不是技术上的创新，而是理解京东的业务，理解电商本质是什么，以及如何通过技术为公司业务创造价值。这也是赵一鸿从在京东第二年开始的主要想法，他开始更多的思考与理解电商与这个市场，也更多地去理解搜索与搜索之间的细微不同。

虽然同样是搜索，京东的搜索和以前做的搜索是不一样的。

比如同样是搜索一个杯子，并且返回杯子相关的准确信息，门户网站的信息返回可以直接返回最高点击量的杯子链接，但京东的返回必须具有个性化。面对男性用户可能是不锈钢的品牌杯，对于女性用户可能就得返回有漂亮印花或者色彩的玻璃杯，包括品牌、定价都可能完全不同。在电商搜索里，个性化是一个非常大的需求，而这个需求在网页搜索里是不需要的，电商行业里的个性化搜索要做好并不容易。因为商品有非常细致地属性，个性化除了要把握住商品名之外，还得区分出商品的属性、材质、价格、品牌、大小，甚至价格。用户只搜索一个杯子，但是后台要把用户感兴趣的属性抽取出来，得精确地了解到用户的意图，是随便浏览一番，还是计划购买，是打算买一个什么样的杯子。

一开始算法只能做到在了解用户性别的基础上提供相应信息，如果在初始摄取到的用户性别有误，就有可能提供错误的信息。在赵一鸿搜索电视的时候发现，他搜索 55 寸电视，希望下拉的应该都显示 55 寸电视，但实际上显示的电视并不都是 55 寸的。于是赵一鸿提出了新的需求，他要求算法自己学会学习，假设是一个女性用户接连三项点击男款牛仔裤，之后几页就得学会全部提供男款牛仔裤。点到第四屏第五屏的时候，第一屏到第三屏中关于这件商品的定价、材质、内容全部都要学习出来。最终哪怕是一个杯子，都要精准到确定用户可能是想购买一个价格定在 300-500 区间的一个 350ML 的印花保温杯子。

而与其他电商平台有所区别的是，京东还分了自营和商家、直营、全球购等等，既有不一样的商品，也有几百个完全一样的商品。搜索推广不仅得照顾到用户体验，还得照顾到公司业务发展，哪家商品排在前，哪家排在后，都有业务上的需求。算法学习到用户需求，只是针对于个人用户，但是对于企业用户或者商家来说，需求又有所不同。复杂的格局给赵一鸿提出了更多的要求和更严格的考验。有一次 C 端用户就给赵一鸿提出一个业务需求，要求搜索瓜子的时候，产品推荐前五个结果是瓜子，后面五个则要带上口香糖。因为 C 端用户进货给 B 端商家看的时候，商家除了进口瓜子，还会进口包括口香糖、巧克力等等零食。算法还必须支持这种复杂业务的需求。赵一鸿带着团队又工作了不少时间，迭代了多次算法，满足了这个需求。

赵一鸿在一直特别强调产品用户体验，在京东，又因为公司特有的属性而特别强调，虽然公司自有产品团队，但赵一鸿希望研发的团队也都具备这样的产品意识。他一直认为在京东在搜索和推荐，已经不是纯粹技术问题。内部核心是技术能力，外部则是根据用户使用的痛点而来的，用户使用的时候需求是什么，用户体验如何，然后才会考虑业务。

第三年赵一鸿才开始真正优化团队管理。在京东，作管理者是一个非常巨大的挑战。电商是一个非常激烈的行业，京东要想在电商保持前列，就需要能快速地在技术上有一个超前，因为业务变化极快，因此京东的技术团队每年都有很多大项目。如果一个算法预计六个月开发出来，提前三个月到六个月左右赵一鸿就要领着团队做好准备。2016 年的时候，赵一鸿团队解决了相关性问题，2017 年解决个性化算法，2018 年的时候根据整个市场环境提出了拼购、第三方商家平台业务，而 2019 年，他们考虑一年的重心要放在搜索流量怎么样扶持生态和业务。

但无论算法多么复杂，花费了多少心血，赵一鸿说来总是轻描淡写，仿佛一件很平常很司空见惯的事情。因为在他心里，项目虽然困难还在其次，人才管理才是重中之重。算法人才都是不太好管理也不太好吸引的，因为这种人才是所有的互联网公司都非常渴望得到的，在人才竞争上非常激烈的。如果没有呵护好，没有让他们真正发挥出来，就会导致人才流失。

赵一鸿一开始就意识到人才非常重要，要发挥人才的想象力、创造力，要知道最优秀人才在哪里，怎么吸引，来了之后要给予足够的发挥空间，还需要有一个尊重人才的公司文化。相较于国外的开放和自由，国内更注重效率，包括京东本身的一个企业文化就是注重执行力和注重成果，如果将人才完全开放，不能完全聚焦，是不能及时给公司创造价值的。赵一鸿开始转变自己的意识，他喜欢并享受创新，也希望团队时时创新，但创新不能是完全和业务没有关系的天马行空，在给足人才尊重的基础上，努力将人才的发挥聚焦到整个业务范畴之内。同时赵一鸿也在构建阶梯团队，比如在做深度学习算法的时候，内部是不具备这样的人才的，就从硅谷聘请来。正逢一个好时机，国家和北京经济技术开发区对人才，是非常重视也是非常支持的，开展了各种“千人计划”，为赵一鸿的招聘增添了筹码。赵一鸿招聘最优秀的人才起科研带头作用，招聘应届博士生和硕士生培养一个技术梯队，保证科研力量生生不息，由此构建起一个比较平衡的团队。

搜索与推荐的智能未来

整个京东技术研发有三万多人，这些人共同构造出了京东的“大脑”。主要业务分成金融、术科、物流、商城等区块，仅商城一块至少有搜索推荐、广告、交易（前台 - 用户 APP、中台 - 业务逻辑）等等团队，相对来说赵一鸿的搜索推荐团队还是比较独立的。这些团队之间相互协作，团队内部又根据需求区分出不同分工，像一个巨大的神经网络，构建起京东的技术核心。

赵一鸿的团队有五百多人，是这片“大脑”中比较重要的一个神经元，和广告团队的协同与合作比较多，和交易团队中负责业务逻辑的中台、负责用户 APP 的前台也都有合作。团队与团队之间，不仅有信息上的沟通，业务上的交流，也有技术方面的共同开发和使用。赵一鸿团队在算法和AI识别方面做的比较好，如果有别的团队图像识别方面的需求，就会邀请其他团队一起开发，而不属于赵一鸿团队专长的底层大数据和存储系统，包括他们本身使用的一部分搜索和推荐的基础技术就是利用别的团队开发的技术，他们开发的好的技术也会开放给其他团队使用。

目前赵一鸿正在制作的是第三代的搜索推荐系统，使用的是新的AI算法。通过神经网络，用一些高性能的处理器，通过海量数据，进行深度学习。这种庞大的神经网络可以加强当前的处理器性能，处理更大量的数据，在图像识别的速度和精准度上也要远远超过人类，当下AI取得最明显进步的就在推荐和搜索。与过去的搜索相比，新一代的搜索具备了自我学习逻辑的功能。过去新出现一个词语，比如“手账”等，需要后台输入“手账”与“笔记本”匹配，才能将两者联系起来，而新一代的搜索在庞大的数据学习的基础上，将自动学会两个词语之间的逻辑联系。

意味着未来的搜索将随着语言的变化一同成长。在这个基础上赵一鸿下一步的目标是要搭建起语音搜索，让语音对话软件理解人类的语言并进行精确反馈。新一代的推荐系统也将有极大改进，将根据用户购买举动，猜测用户下一次将要购买的物品，在合适的时间推送到用户面前。

路漫漫其修远兮，吾将上下而求索。赵一鸿的未来任重道远，而他乐在其中。

企业家感言

京东的大数据战略分为三个层次：海量数据的处理、从数据中发现规律、通过数据洞察为企业和行业创造价值。京东在做智能卖场的时候，考虑的不只是商品，还有品牌、店铺、优惠券、楼层等维度全面实现用户推荐个性化，针对网购消费者的习惯和喜好提供精准化导购服务。对于我们来说，最大的挑战是如何让这些数据产生价值，形成转化率，定制一个更“懂”你的搜索引擎。

后　记

亦庄，是北京经济技术开发区崛起的地方！

作为北京市唯一同时享受国家级经济技术开发区和国家高新技术产业园区双重优惠政策的国家级经济技术开发区——北京经济技术开发区（简称：亦庄开发区，BDA），是中国优秀开发区发展的代表，它成功打造出若干高端产业集群，引领了首都实体经济的发展。这些高端产业集群背后集聚的，是包括企业家、科学家、科研人员在内的各式各样的创新创业人才。

北京经济技术开发区工委组织部是开发区人才的大管家！

北京经济技术开发区工委组织部不仅管干部，还管人才，尤其是高端产业人才。提起开发区的高端产业人才，在他们脸上透出的那种自豪感无法掩饰；提起亦庄的“亦麒麟”，他们会给你讲半天停不下来。于是，就有了我们这套丛书，就是用书的形式记录下这些人才，记录下这些人才的奋斗历程，记录下亦庄是靠着什么从一个辉煌走向另一个辉煌。书是承载人类文化的，把亦庄和人才写成书，亦庄以及亦庄人才的精神就变成了一种文化。

亦庄的高端产业人才是非常能干而特别的一群人！

在这个躁动忙碌的时代，处于瞬息万变的市场、身担拓展事业的压力，亦庄的这些高端产业人才们愿意抽出时间、静下心来，聊聊他们的得意与失意，分享他们的成功与喜悦，这是对我们采写者和出版者的最大支持。通过对他们的采访，我们不仅学到了很多的东西，而且感受到北京经济技术开发区承载的激情与梦想。正是因为这群找对了地方、做对了事的优秀人才，为亦庄以及自己的人生增添了无尽的色彩，亦庄才说：“因人而亦。”

记者是创业创新与时代的记录者！

《因你而亦》的一二两册反映极佳。在开发区高层次人才服务中心的协调下，这次我们又收入了38位高端产业人才，本次采访一共有9位记者参与其中，从前期策划、分工、查资料、做功课，到中期采访和后期成稿，他们付出了辛勤的努力。看到他们用充满了激情的笔将人才们的人生浓缩在字里行间，将人才们的智慧折射在他们鲜活的生命中，将人才们的创业精神融入时代嬗变与个人命运交织融合的图景中，作为编者，我们先被感动了。

作为出版社，有幸参与此项重大的产业人才文化工程也是一种自豪。身为策划者、统筹者、编者和服务者，我们也在出版图书的过程中感知到亦庄的人、亦庄的事，并从这个伟大的创业创新群体身上体会到这个伟大的“智造”时代给亦庄带来了什么。如果说本书所记录企业的产品代表着“硬件”的亦庄制造，那么这套“亦麒麟高端产业人才”系列丛书则代表着“软件”的亦庄创造。

特别注明并感谢：本次图书中，景璀、张昕、李锋、王猛、王晓洁、张晓冬等6位由人物姜帆老师采写；李英骥、欧阳兆槐、朱强等3位人物由林火灿老师采写；李先亮、章文奕、宁金鹰、孙晓斌、何丽华、任彤、俞宗强、郑刚、陶秀梅、郝鸿峰、周卫国等11位人物由齐美娟老师采写；高振宇、王教凯、张芸、赵广宇等4位人物由修小思老师采写；汉斯、庞新星、史晓刚等3位人物由麦莲老师采写；孔泰、师锦刚、杨军红、赵斌等4位人物由于泳老师采写；李刚、周文来、朱敏等3位人物由祝惠春老师采写；丁文武、胡凯文等2位人物由周璠老师采写；赵一鸿等2位人物由林珏老师采写，感谢他们。同时，也感谢北京经济技术开发区在本书采编过程中给予的支持和帮助。再次感谢受访者给予的采写配合及提供的大量图片。

如有不足之处，欢迎广大读者批评指正，帮助我们将以后各册做得更好。

编　者

2019年10月1日